Erläuterungen und Dokumente

Theodor Fontane
Frau Jenny Treibel

Von Walter Wagner

W0059737

Philipp Reclam jun. Stuttgart

Fontanes »Frau Jenny Treibel« liegt unter Nr. 7635 in Reclams Universal-Bibliothek vor. Auf diese Ausgabe beziehen sich die Seiten- und Zeilenangaben und die Verweise.

Universal-Bibliothek Nr. 8132
Alle Rechte vorbehalten
© 1976 Philipp Reclam jun. GmbH & Co., Stuttgart
Bibliographisch ergänzte Ausgabe 1987
Karten: Theodor Schwarz, Urbach
Satz: BHW Stuttgart
Druck und Bindung: Reclam, Ditzingen
Printed in Germany 1997
RECLAM und UNIVERSAL-BIBLIOTHEK sind eingetragene Marken
der Philipp Reclam jun. GmbH & Co., Stuttgart
ISBN 3-15-008132-7

I. Wort- und Sacherklärungen

Erstes Kapitel

3,3 *Landauer:* eine wahrscheinlich nach der Stadt Landau benannte viersitzige Kutsche, deren Verdeck in zwei Hälften auseinandergeschlagen werden kann.

3,3–5 *vom Spittelmarkt her in die Kur- und dann in die Adlerstraße:* Alle Schauplätze des Romans liegen – mit Ausnahme der in Kap. 10 geschilderten Gegend um den Halensee – im jetzigen Ost-Berlin und sind heute teils noch vorhanden, teils umbenannt oder nicht mehr vorhanden. Zum Fontaneschen Realismus gehört die genaue topographische Bezeichnung einer Örtlichkeit oder eines Schauplatzes, die, vor allem bei den Berliner Romanen, zugleich sehr oft Herkunft und gesellschaftliche Stellung der Personen bezeichnen, die mit ihnen in Verbindung gebracht werden.

3,10 *Fond:* frz., Rücksitz.

3,11 f. *Bologneserhündchen:* Zwergform der Malteser, einer urspr. auf Kuba und Manila gezüchteten Hunderasse; hier als reiner Schoßhund von lediglich dekorativer Bedeutung.

3,23 *Korpulenz:* lat., Beleibtheit.

3,28 *Entreetür:* Korridortür.

4,9 *Karbonade:* frz. aus ital. carbonata, ›auf Kohlen geröstetes Fleisch‹, Kotelett.

4,9 f. *Seifenwrasen:* Dampf aus Seifenlauge.

4,17 *Düten:* alte Form von ›Tüten‹.

4,23 *Commis:* lat.-frz., Handlungsgehilfe, der dem Handelsstand angehört, ohne Kaufmann zu sein.

4,25 *Kammtolle:* künstlich hochfrisierter Haarschopf; vgl. auch Anm. zu 145,13 *Tolleisen:* Brennschere.

4,30 *Spreegasse:* Die Geschichte dieser Straße hat Wilhelm Raabe in seiner 1856 erschienenen »Chronik der Sperlingsgasse« beschrieben.

5,8 *ramassierte:* mundartlich verwandter Ausdruck für dick, gedrungen.

5,11 *Frau Kommerzienrätin:* Kommerzienrat war ein Eh-

rentitel für Finanzmänner, Großkaufleute und Indu-
strielle, der von 1870 bis 1918 verliehen und nach 1945
in einzelnen westdeutschen Bundesländern wieder eingeführt wurde. Daß die Frau eines derartigen Titelträgers
Hauptfigur des Romans ist – Fontane spielte eine Zeit-
lang mit dem Gedanken, ihn konkret »Frau Kommerzienrat Treibel« zu betiteln –, weist auf den gesellschafts-
bezogenen und zugleich gesellschaftskritischen Charakter
des Werkes hin.

5,14 *Fräulein Corinna:* Der Name ist wahrscheinlich von
dem der griech. Dichterin Korinna (um 500 v. Chr.) her-
zuleiten und steht in merkwürdigem Gegensatz zu dem
recht prosaischen Nachnamen Schmidt. Vgl. auch Anm.
zu 58,5.

5,17 *Philharmonie:* im Zweiten Weltkrieg zerstörter Kon-
zertsaal in der Bernburger Straße.

5,29 *Blumenestrade:* Blumenarrangement auf einem stufen-
artig erhöhten Platz vor dem Fenster.

5,32 *Rechnungsrat:* ein verliehener Ehrentitel für langge-
diente, untergeordnete Beamte.

5,33 *Heroldskammer:* Behörde zur Regelung aller adligen
Standesangelegenheiten. In Preußen nach nur kurzer Tä-
tigkeit Anfang des 18. Jh.s erst 1855 wieder eröffnet und
1919 aufgehoben.

5,35 *Roter Adlerorden:* zweithöchster preuß. Orden. Er
wurde 1705 vom Erbprinzen Georg Wilhelm von Bay-
reuth gestiftet, 1792 von Preußen übernommen und bis
1918 verliehen.

6,1 f. *Träger des berühmten Namens:* Die Schwerins waren
ein ostelbisches Uradelsgeschlecht, das im Hohen Mittelalter in Pommern ansässig und im nordostdeutschen Raum
und darüber hinaus bis nach Bayern und Schweden weit
verbreitet war.

6,17 *so gut wie von der Kolonie:* Die wegen ihres kalvini-
stischen Glaubens aus Frankreich vertriebenen Hugenot-
ten, deren Ansiedlung in Brandenburg-Preußen durch
den Großen Kurfürsten und das Edikt von Potsdam
(8. November 1685) gefördert worden war, bildeten eigene Kolonien, in denen die Tradition des Heimatlandes

Spittelmarkt

gepflegt und deren Eigenständigkeit erst im Laufe des 19. Jh.s langsam aufgegeben wurde.

6,23 *Lorgnon:* frz., Brille ohne Bügel, die an einem Stiel vor die Augen gehalten wird.

6,27 *Lunch:* engl., in England übliches Gabelfrühstück zur Mittagszeit.

6,29 *Sherry:* engl., spanischer Dessertwein aus Jerez de la Frontera.

Port: über die Stadt Porto vornehmlich nach England exportierter portugies. Dessertwein. Beide Weine (dazu auch Lunch) weisen auf die englische Mode der Zeit hin und werden von der Kommerzienrätin zugleich gegen das ausgespielt, was Corinna anzubieten hat.

6,33 *halbwachsen:* halberwachsenes; so auch 105,3 f.

7,12 *Maroquin:* frz., fein gegerbtes Ziegenleder aus Nordafrika.

7,26 *Hövell:* Berliner Schokoladenfabrik.

Kranzler: Bekannte Berliner Cafés der Fontane-Zeit waren Bauer, Kranzler und Josty, von denen Kranzler, Unter den Linden/Ecke Friedrichstr. gelegen, als das vornehmste galt.

7,27 *Necessaire:* lat.-frz., kleiner Behälter für notwendige Dinge des täglichen Lebens.

7,37 *Liverpool:* bedeutende engl. Hafen- und Handelsstadt.

8,16 *Mr. Booth:* Edwin Thomas Booth (1833–93) gilt als der bedeutendste amerikanische Schauspieler des 19. Jh.s und brillierte vor allem als Shakespeare-Darsteller und Gestalter großer tragischer Rollen.

10,3 f. *Geschichte von dem Kamel und dem Nadelöhr:* Vgl. Matth. 19,24: »Es ist leichter, daß ein Kamel durch ein Nadelöhr gehe, als daß ein Reicher ins Reich Gottes komme.«

12,5 *Horaz:* Quintus Horatius Flaccus (65 v. Chr. bis 8 n. Chr.), röm. Dichter, neben Vergil der bedeutendste Dichter der Augusteischen Zeit.

Parcival: Epos des mittelhochdeutschen Dichters Wolfram von Eschenbach (1170 bis um 1220).

12,14 *Großinquisitor:* urspr. der Vorsteher der Inquisition, einer kirchlichen Institution zur Aufspürung und Bestrafung von Ketzern, die im 12. Jh. eingerichtet wurde.

13,2 *Courmachen:* jmdm. die Cour machen = jmdm. den Hof machen.

13,5 f. ›*Lohengrin*‹ *und* ›*Tannhäuser*‹*:* Opern (1850 u. 1845) Richard Wagners (1813–83).

13,13 *Ein Musterstück von einer Bourgeoise:* ein Satz des dem gebildeten Mittelstand zuzurechnenden Gymnasialprofessors, von dem jede Deutung des Romans auszugehen hat und der zugleich die ganze Kritik und Distanz Fontanes zum Typ des Bourgeois zum Ausdruck bringt. Vgl. dazu auch die Seiten 86 u. 167 des Romans sowie die neueren Untersuchungen von Wolfgang Poser (zum Bourgeois S. 75–88) und Edeltraut Ellinger (zu »Frau Jenny Treibel« S. 116–125).

13,25 *der sogar Nelson heißt:* Anspielung auf den populären engl. Admiral Horatio Viscount Nelson (1758–1805), der in der Schlacht von Trafalgar (21. Oktober 1805) die span.-franz. Flotte besiegte und den Tod fand.

Zweites Kapitel

14,7 *Blutlaugensalz:* Gelbes und rotes Blutlaugensalz stellen Eisenzyanverbindungen des Kaliums dar und finden vor allem Verwendung in der Färberei. Gelbes Blutlaugensalz wurde früher durch Glühen von eingetrocknetem Blut in Verbindung mit Horn- und Eisenspänen sowie Pottasche hergestellt.

14,8 *Berliner Blau:* auch Preußischblau, ein wichtiges Farbmaterial. Es bildet sich aus Lösungen von gelbem oder rotem Blutlaugensalz mit Ferrisalzen oder Eisenvitriol und wurde 1704 vom Berliner Chemiker Diesbach entdeckt.

14,10 f. *Gründeranschauungen:* In den ›Gründerjahren‹ (1871–73) führten die 5 Milliarden Francs, die Frankreich als Kriegsentschädigung zu zahlen hatte, zu einer übertriebenen Spekulation und zur Gründung zahlreicher Wirtschaftsunternehmungen, von denen ein Großteil im Jahre 1873 nach einem Kurssturz zusammenbrach.

14,13 *Alten Jakobstraße:* Hier wohnte Fontane von April 1863 bis Oktober 1872. Vgl. dazu und zum Folgenden auch Kap. II des vorliegenden Bandes.

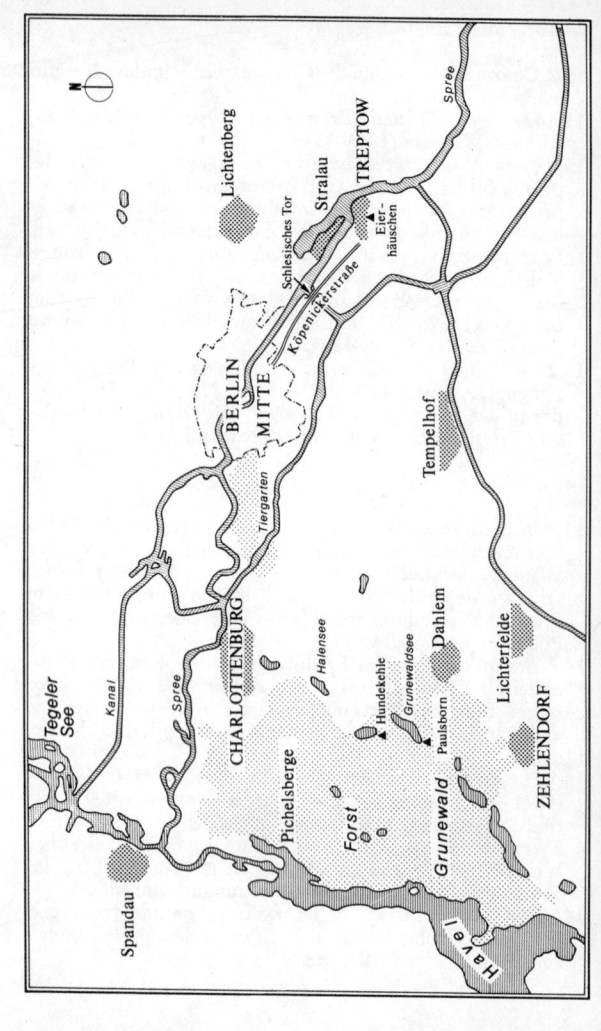

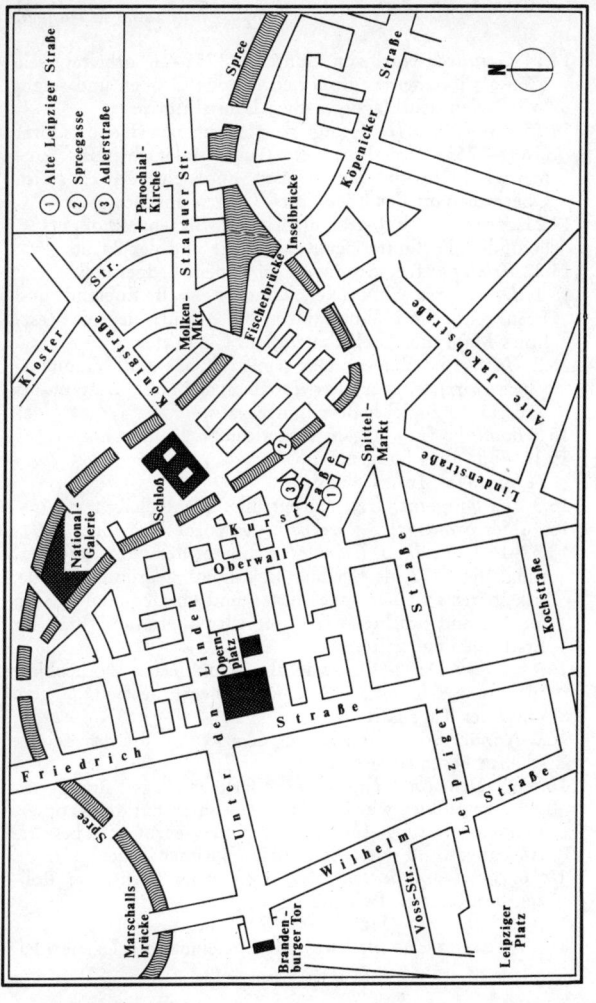

14,14 *Gontard:* Karl von Gontard (1731–91) arbeitete seit 1765 als Baumeister für Friedrich den Großen und setzte in Preußen den klassizistischen Baustil durch.

14,15 *Knobelsdorff:* Georg Wenzeslaus von Knobelsdorff (1699–1753) war als Architekt und Maler ebenfalls Baumeister Friedrichs des Großen und seit 1740 zugleich Oberintendant der königlichen Gärten und Schlösser.

14,21 *Mezzanin:* ital.-frz., niedriges Zwischengeschoß, urspr. besonders in Bauten der Renaissance und des Barock.

14,22 *Beletage:* frz., Stockwerk über dem Erdgeschoß.

15,1 *Diner:* frz., in vielen Ländern, z. B. England und Frankreich, die Hauptmahlzeit am Abend; hier svw. festliches Mahl mit gesellschaftlichem Charakter.

15,2 *Hustersche Wagen:* Der seinerzeit bekannte ›Traiteur‹ (Speisewirt) Huster war Inhaber mehrerer Restaurants und führte zugleich Bestellungen aus.

15,5 *Boudoir:* frz., elegant eingerichtetes Damenzimmer.

15,10 *Fuß:* altes Längenmaß, $^1/_3$ m.
  Terrain: lat.-frz., Gelände.

15,32 *Embonpoint:* frz., Körperfülle, Wohlbeleibtheit.

15,36 *des Frontsaales gelegenen:* des vorne liegenden.

15,37–16,1 *»Berliner Tageblatt«:* liberal-demokratische Zeitung, die 1872 als Berliner Lokalblatt gegründet wurde, sich später zu einer angesehenen und überregionalen, auch im Ausland beachteten Zeitung entwickelte und 1939 ihr Erscheinen einstellte.

16,1 *»Ulk«:* Der »Ulk« war als »Illustriertes Wochenblatt für Humor und Satire« eine wöchentliche Beilage vom »Berliner Tageblatt«.

16,3 *Nunne:* Schreiberfigur aus dem »Ulk«, die das Zeitgeschehen kommentierte.

16,5 f. *»Deutsches Tageblatt«:* Berliner Tageszeitung, die 1880 gegründet wurde und wegen ihrer national-konservativen Haltung für den Kommerzienrat ein besseres Aushängeschild darstellt als das »Berliner Tageblatt«.

16,16 *Agent provocateur:* frz., Spitzel im Dienst der Polizei, bezahlter Aufwiegler.

16,17 *Metier:* frz., Handwerk, Gewerbe.

16,19 *Teupitz-Zossen:* zwei nahe beieinandergelegene kleinere Orte im Kreis Teltow des ehemals preuß. Regierungsbezirks Potsdam südl. von Berlin.

16,19 f. *wendische Spree:* die Dahme, die in der Lausitz entspringt und als wendische Spree bei Köpenick östlich von
Berlin in die Spree mündet.

16,21 *Singer:* Paul Singer (1844–1911) war als Berliner Unternehmer ein führender Sozialdemokrat, seit 1884 Reichstagsabgeordneter, später Fraktions- und Parteivorsitzender. Eine derartige politische Persönlichkeit »beiseite
schieben« zu wollen, zeugt nicht nur vom politischen Ehrgeiz, sondern auch von der Naivität des Kommerzienrats
und zugleich von der Ironie des Erzählers Fontane, die
besonders für diesen Roman charakteristisch ist.

16,22 *Couleur:* frz., Farbe, politische Richtung.

16,23 *Buggenhagen:* Berliner Restaurant und Versammlungslokal.

16,25 *Sprechanismus:* ein typischer Ausdruck der Berliner
Umgangssprache und zugleich charakteristisch für deren
Bildhaftigkeit; hier svw. Beredsamkeit, Redegabe.

16,27 *Trappistenkloster:* Zu den strengen Regeln der Trappistenmönche gehörte das absolute Redeverbot.

16,30 f. *Kasten ... Walze:* ein nicht gerade schmeichelhafter
Vergleich mit dem für das Berlin des 19. Jh.s typischen
Leierkastenmann, der seine Lieder mittels eines Walzwerkes und einer Kurbel abspielte.

16,33 f. *gutta cavat lapidem:* lat., der Tropfen höhlt den Stein
(so bei Ovid, »Epistulae ex Ponto« IV, 10,5). Erst die vollständige Fassung des lat. Hexameters entspricht eigtl. der
deutschen Redewendung »Steter Tropfen höhlt den Stein«:
gutta cavat lapidem, non vi, sed saepe cadendo (der Tropfen höhlt den Stein nicht durch Kraft, sondern durch stetiges Niederfallen).

17,8 *Poveretto:* ital., svw. armer Schlucker.

17,10 *Dalldorf:* Heil- und Pflegeanstalt für Geisteskranke
im Nordwesten Berlins, 1905 in ›Wittenau‹ umbenannt.

17,13 *blaues Blut:* volkstümliche Bezeichnung für adlige
Abstammung.

17,15 *Berlin W:* der Westen Berlins mit seinen vornehmen
Wohnvierteln.

17,16 f. *Charlottenburg:* Berliner Stadtteil, dessen urspr.

Kern das Schloß Lietzenburg bildete, das nach dem Tode der Königin Sophie Charlotte (1668–1705) in Charlottenburg umbenannt wurde und dem ganzen Bezirk seinen Namen gab.

17,21 f. *en miniature:* frz., in kleinem Maßstab, im kleinen.

17,24 *früher Moldau und Walachei:* Die selbständigen Fürstentümer Moldau und Walachei wurden 1861 zum Fürstentum Rumänien vereinigt.

17,26 *Coupé:* geschlossene, zweisitzige Kutsche.

17,29 *Pontonhaus:* ein Haus, in dem die zum Brückenbau notwendigen Schwimmkörper gelagert wurden.

17,31 *Observanz:* lat., urspr. die Befolgung der strengen Regeln eines Mönchsordens, hier svw. Herkunft, Gattung.

17,32 *Fernambuk- und Campecheholz:* exotische, an roten und blauen Farbstoffen reiche Hölzer.

18,5 *Jovialität:* Leutseligkeit.

18,7 *Portiere:* frz., Türvorhang.

19,3 *Honey-water:* engl., Honigwasser, eine für das Englische ungewöhnliche Zusammensetzung.

19,4 *Shampooing:* engl., Kopfwaschen.

19,20 *Mr. Nelson from Liverpool:* engl., Herr Nelson aus Liverpool.

19,24 *Dublin:* Stadt und Grafschaft in Ostirland, seit 1922 Hauptstadt der Republik Irland.

19,25 *Glasgow:* bedeutende schottische Handels- und Industriestadt.

19,28 *about sixteen:* engl., ungefähr sechzehn.

19,34 *Droschke zweiter Klasse:* die Droschke, der Konstruktion nach aus einem russischen Pferdewagen entwickelt, wurde als Mietfahrzeug zu Beginn des 19. Jh.s in Berlin eingeführt und entwickelte sich zum wichtigsten und zugleich vornehmsten Beförderungsmittel, das in zwei Klassen eingeteilt war, wobei die erste Klasse die teurere, aber nicht immer die bessere war.

20,3 f. *»Schilderhäuser«:* volkstümliche Bezeichnung für die Achselstücke der verabschiedeten Offiziere.

20,8 *Grandezza:* ital., steife Würde.

20,15 *Henriquatre:* frz., kurzer Spitzbart, wie ihn Heinrich IV. von Frankreich (Henri quatre, 1589–1616) in Verbindung mit einem kurzen Schnurrbart getragen hatte.

Schloß Charlottenburg

21,1 *Ein großer Name:* Vgl. Anm. zu 13,25.

21,3 *aufgesteift:* steif aufgerichtet.

21,10 *Impertinenz:* lat., Frechheit, Unverschämtheit.

21,16 *Chaisen:* frz., zwei- oder vierrädrige Wagen mit aufklappbarem Verdeck.

21,22 *Atlas:* arab., stark glänzender Seidenstoff.

21,26 *überraschlichem:* überraschendem.

21,36 *Bekomplimentierungen:* Austausch von Höflichkeitsbezeigungen und Komplimenten zur Begrüßung.

22,6 f. *partiellen Vorstellungsakt:* die teilweise schon vollzogene Vorstellung.

22,28 *Klopstock:* Friedrich Gottlieb Klopstock (1724–1803), Dichter des »Messias« und Wegbereiter der dt. Klassik.

22,30 *Griepenkerl:* Wolfgang Robert Griepenkerl (ndt. ›Greifer, Häscher‹; 1810–68), Musiklehrer und Literaturprofessor in Braunschweig, als Dramatiker (Revolutionsdramen) Christian Dietrich Grabbe (1801–36) verwandt und von starker, wenn auch zeitlich begrenzter Wirkung.

22,34 *Landesältesten:* in Preußen ein Abgeordneter des Kreistags, der von den Kreditverbänden der Grundbesitzer mit der Schätzung der Güter beauftragt war.

22,35 *Storkower Gegend:* Storkow, Kleinstadt im ehem. preuß. Regierungsbezirk Potsdam südöstl. von Berlin.

22,36 *Mesalliance:* frz., Mißheirat, unebenbürtige Verbindung.

23,1 *ein Dutzend Eisen im Feuer:* Anspielung auf Bismarcks Bündnispolitik.

23,6 *wie der Hirsch nach Wasser schreit:* scherzhafte Anspielung auf einen Psalm des Alten Testaments und zugleich eines der geflügelten Worte der Bibel: »Wie der Hirsch lechzt nach frischem Wasser, so schreit meine Seele, Gott, zu dir« (Ps. 42,2).

23,8 f. *Victory und Westminster-Abbey:* engl., etwas verunglückte Anspielung auf zwei bedeutende englische Ereignisse: »Victory« (engl., Sieg) hieß das Flaggschiff Nelsons, Westminster-Abbey (engl., Westminster-Abtei) ist eine berühmte Londoner Kirche, in der neben anderen bedeutenden Engländern Nelson begraben wurde.

23,9 *Entern:* urspr. die Erstürmung eines Kriegsschiffes.

Drittes Kapitel

23,33 *Manipulationen im Laternenansteckerstil:* Anspielung
auf die umständlichen Verrichtungen beim Anzünden der
Straßengaslaternen.

24,3 *»moderierten Salutschuß«:* gemäßigten Begrüßungs-
schuß.

24,6 *Stuck:* ital., kalk- und gipshaltiger Mörtel zur Formung
von Plastiken und Ornamenten an Decken und Wänden.
Reliefs: frz., plastisches Bildwerk.

24,7 *Professor Franz:* Julius Franz (1824-87), ein zu seiner
Zeit bekannter Berliner Bildhauer.

24,9 *Reinhold Begas:* bedeutender Bildhauer der Wilhelmi-
nischen Zeit (1831–1911).

24,11 *Generalkonsul:* die höchste Stufe des Konsulamtes,
das Berufs- und Wahlkonsuln kennt und dem Rang nach
über dem Kommerzienrat steht.

24,14 *Staffel:* Stufe.

24,15 *Wahlagitation:* svw. Wahlkampf.

24,23 *Blumenparkett:* Blumenarrangement.

25,2 *Brokatkleide:* Kleid aus schwerer, reich gemusterter
und mit Gold- oder Silberfäden durchwirkter Seide.

25,29 f. *Prinzeß Anisettchen:* offensichtlich eine erfundene,
in der deutschen Adelsgeschichte nicht nachweisbare Gestalt.

25,36 *auf den Höhen der Menschheit:* nach Schillers Tragödie »Die Jungfrau von Orleans« (I, 2; V. 485). Schiller
wird in dem Roman weitaus am meisten zitiert.

26,7 *kompetenter:* zuständiger.

26,9 *Intermezzo:* ital., Zwischenspiel.

26,28 *Visavis:* frz., Gegenüber.

26,30 f. *daß es des Landes der Brauch sei:* Umkehrung eines
geflügelten Wortes aus Goethes »Faust«: »Das ist des
Landes nicht der Brauch« (V. 2949; Der Nachbarin Haus).

27,9 f. *Mephisto:* Kurzform von Mephistopheles, der Gestalt des Teufels in Goethes »Faust«, die dort in der hier
charakterisierten Weise erscheint.

27,15 *Gestade:* Küste, Ufer.

27,17 f. *Wendengöttern:* die zu Beginn der Völkerwande-
rung im 8./9. Jh. in Ostdeutschland eingewanderten Sla-

wen (Wenden) hielten auch nach ihrer Christianisierung
bis ins 19. Jh. an alten heidnischen Vorstellungen fest.

27,22 f. *Burgemeister Tschech:* Heinrich Ludwig Tschech
(1789–1844), Bürgermeister von Storkow (vgl. Anm. zu
22,35), verübte am 26. Juli 1844 in Berlin aus Privat-
rache ein Attentat auf Friedrich Wilhelm IV. von Preußen (1795–1861) und wurde am 14. Dezember 1844 in
Spandau durch das Beil hingerichtet. – Fontane verwendet hier noch die alte oberdt. Form ›Burgemeister‹, die
sich vor allem in der Literatur des 18. und frühen 19. Jh.s
findet.

27,25 *Königin:* Elisabeth von Preußen (1801–73), Tochter
Max' I. von Bayern.

27,27 f. *des eigentümlichen Liedes:* gemeint ist ein achtstro-
phiges anonymes Gedicht, dessen Verfasser der Begründer und Mitarbeiter der satirischen Zeitschrift »Kladderadatsch«, Rudolf Löwenstein (1819–91), sein soll. Die
erste Strophe lautet:

Keiner war so frech
Wie der Burgermeister Tschech.
Er erschoß uns um ein Haar
Unser teures Königspaar;
Denn er schoß in seiner Wut
Dem König durch den Federhut,
Und er schoß der Landesmutter
Durch den Rock ins Unterfutter.

27,30 *Gassenhauer:* in der urspr. Bedeutung ein Herum-
treiber (zu bayerisch ›hauen‹ = laufen), später ein Lied,
das von Gassenjungen auf der Straße gesungen wurde;
hier svw. Schlager.

27,31 *frivole:* frz., leichtfertige, schlüpfrige.

27,36 *Perfidie:* frz., Tücke, Gemeinheit.
loyal: frz., regierungs-, königstreu.

28,4 *Herwegh:* Georg Herwegh (1817–75), dt. Dichter, dessen politische Lyrik im vorrevolutionären Deutschland
von starker Wirkung war. Der junge Fontane war Mitglied eines Herwegh-Clubs in Leipzig gewesen.

28,10 *›Flüche gegen Rom:‹* Anspielung auf das berühmte
antiklerikale Gedicht »Gegen Rom« aus der Sammlung

»Gedichte eines Lebendigen« (1841) mit folgender erster Strophe:
Noch einen Fluch schlepp ich herbei:
Fluch über dich, o Petri Sohn!
Fluch über deine Klerisei!
Fluch über deinen Sündenthron!
Nur Gift und Galle war, o Papst,
Was du vom Pol bis zu den Tropen
Der Welt mit deinem Zepter gabst,
Mit deinem Zepter von Ysopen.

28,12 f. *die Kreuze aus der Erde zu reißen:* Siehe dazu die erste Strophe des Gedichts »Aufruf« aus demselben Sammelband:
Reißt die Kreuze aus der Erden!
Alle sollen Schwerter werden,
Gott im Himmel wird's verzeihn.
Laßt, o laßt das Verseschweißen!
Auf den Amboß legt das Eisen!
Heiland soll das Eisen sein.

28,17 f. *Herwegh war sogar bei ihm in Charlottenburg:* Friedrich Wilhelm IV. gewährte Herwegh am 19. November 1842 eine Audienz im Charlottenburger Schloß, wies ihn aber später aus Preußen aus.

28,25 *Mephistophelesschaft:* eine Fontanesche Wortbildung, s. auch Anm. zu 27,9 f.

29,3 f. *›Ich möchte hingehn wie das Abendrot . . .‹:* Das Gedicht »Strophen aus der Fremde« in dem obengenannten Sammelband gliedert sich in zwei Teile, dessen bekannterer, nicht betitelter zweiter Teil mit der hier zitierten Zeile beginnt. Die vollständige erste Strophe lautet:
Ich möchte hingehn wie das Abendrot
Und wie der Tag mit seinen letzten Gluten –
O leichter, sanfter, ungefühlter Tod! –
Mich in den Schoß des Ewigen verbluten.

29,7 *als es galt:* Herwegh war im April 1848 von Paris aus mit einer kleinen Truppe nach Baden gekommen, um die dortigen Aufständischen zu unterstützen, flüchtete jedoch nach einer Niederlage durch württembergische Truppen über Paris in die Schweiz.

29,19 *Alles ist nichtig:* nach dem Alten Testament, Prediger
Salomo 1,2.

29,21 f. ›*Gold ist nur Chimäre*‹: geflügeltes Wort aus der
Oper »Robert der Teufel« (»Robert le Diable«, 1831)
von Giacomo Meyerbeer (1791–1864), Text von Eugène
Scribe (1791–1861). *Chimäre:* in der griech. Sage ein
feuerschnaubendes, aus Löwe, Ziege und Schlange zusam-
mengesetztes Ungeheuer.

30,17 *Sentenzen:* lat., Denksprüche, Weisheiten.

30,17 f. *Büchmann:* Georg Büchmann (1822–84), Philologe,
Sprachlehrer und Herausgeber der bis heute in vielen
Auflagen immer wieder gedruckten Zitatensammlung »Geflügelte Worte« (1864). Der Ausdruck ›geflügelte Worte‹
stammt von dem griech. Dichter Homer (8. Jh. v. Chr.)
und bezeichnet seit Erscheinen dieser Sammlung Zitate,
Worte und Namen, »welche, von nachweisbaren Verfas-
sern ausgegangen, allgemein bekannt geworden sind und
allgemein wie Sprichwörter angewendet werden« (Büchmann).

30,21 *cher Treibel:* frz., lieber Treibel.

30,23 *Vorachtundvierziger:* ein Offizier, der vor dem Re-
volutionsjahr 1848 aktiv war.

30,26 f. *Don Quixote:* Der ›Ritter von der traurigen Gestalt‹, Held des gleichnamigen berühmten Romans
(2 Teile, 1605, 1615) des span. Dichters Miguel de Cer-
vantes Saavedra (1547–1616) wurde zum Sinnbild des
närrischen, weltfremden Idealisten.

30,31 f. *mehr der Not gehorchend als dem eigenen Triebe:*
frei nach Schiller (1759–1805), dessen Drama »Die Braut
von Messina« (1803) mit dem Vers »Der Not gehorchend, nicht dem eignen Trieb« beginnt.

30,33 *Meriten:* lat., Verdienste.

31,9 *Ragout fin:* frz., feines Fleischgericht (Ragout), als
Pastete oder in Muschelschalen angerichtet.

31,19 *Ludwig Löwe:* Berliner Fabrikant und Politiker (1837
bis 1886), Mitglied des preuß. Abgeordnetenhauses und
des deutschen Reichstags.

31,20 *das Prä:* das Prä haben = etwas voraus haben, im
Vorrang sein.

31,22 f. *nationale Mittelpartei:* vermutlich die nationalliberale Partei.

31,24 *Kronenorden:* Der preuß. Kronenorden wurde am 2. Januar 1861 anläßlich der Krönung Wilhelms I. (1797 bis 1888) von diesem gestiftet, stand dem Roten Adlerorden im Rang gleich und wird seit 1919 nicht mehr verliehen. Fontane erhielt die 4. Klasse dieses Ordens am 18. Januar 1867.

31,25 *lancierte mich:* lancieren = an eine gewünschte Stelle, auf einen vorteilhaften Posten bringen.

31,26 *ränge nach der Bürgerkrone:* würde mich um das Amt des Bürgermeisters bewerben.

31,30 *Chablis:* frz., nach der gleichnamigen Stadt benannter franz. Weißwein aus Niederburgund.

31,36 *Regula-de-tri:* ital., Dreisatz. Ein Rechenverfahren, das aus drei gegebenen Größen einer Proportion die vierte erschließt.

32,8 *fragmentarischem:* bruchstückhaftem, unvollendetem.

32,9 *seiner Vervollständigung:* Geheimer Kommerzienrat.

32,12 *l'appétit vient en mangeant:* frz., »der Appetit kommt beim Essen«. Geflügeltes Wort aus dem satirischen Roman »Gargantua und Pantagruel« (1532–64) von François Rabelais (1494–1553).

32,12 f. *wer a sagt, will auch b sagen:* eine im Sinne der Argumentation des Kommerzienrats veränderte Fassung des Sprichworts »Wer A sagt, muß auch B sagen«.

32,27 *Lichtenberger oder Rummelsburger Gemarkung:* Vororte östlich von Berlin.

32,28 f. *Kornblumen . . . preußischer Gesinnung:* Die Kornblume galt als Lieblingsblume Kaiser Wilhelms I., und es war zu Fontanes Zeit bei Preußen-Verehrern üblich, sich zu Kaisers Geburtstag eine Kornblume anzustecken.

32,30 *Petroleur und Dynamitarde:* svw. Brandstifter und Sprengstoffattentäter als Bezeichnungen für Aufständische. ›Petroleure‹ war urspr. die Bezeichnung für Pariser Kommunarden, die im Mai 1871 die Tuilerien und andere öffentliche Gebäude mit Petroleum in Brand steckten. Ähnlich wurde seit der Erfindung des Dynamits im Jahre 1866 mit Sprengstoff verfahren.

32,35 *Potenz:* lat., hier svw. Kraft, Stärke.

34,8 *Battle at the Nile:* engl., Schlacht am Nil. Nelson vernichtete in dieser Seeschlacht von Abukir (1. August 1798) die franz. Flotte der Ägyptischen Expedition Napoleon Bonapartes.

34,11 *»Oh, to be sure.«:* engl., Oh, sicher.

34,16 f. *im Walter Scott gelesen:* In der Napoleon-Biographie »Das Leben Napoleons« (»The Life of Napoleon Bonaparte«, 1827) von Walter Scott (1771–1832) wird im Kap. 31 die Schlacht geschildert.

34,20 f. *»I should … british hearts …«:* engl., Ich möchte eher meinen, ein heroischer Mut … Britische Eichen [das Eichenholz der Kriegsschiffe] und britische Herzen.

34,27 f. *»Certainly … his duty …«:* engl., Sicherlich, Fräulein Corinna. Ohne Zweifel … England erwartet, daß jeder seine Pflicht tut. – Der letzte Satz war Bestandteil des Tagesbefehls Nelsons vor der Schlacht bei Trafalgar (s. Anm. zu 13,25) und wurde zum geflügelten Wort, das gegen Schluß des Romans noch einmal in anzüglich-beziehungsvoller Weise erscheint.

35,1 *»O splendid«:* engl., O herrlich.

35,7 *dear Mr. Nelson:* engl., der liebe Herr Nelson.

35,10 *Blut-und-Eisen-Theorie:* Anspielung auf eine Rede Bismarcks vor der Budgetkommission des preuß. Abgeordnetenhauses am 30. September 1862, in der er u. a. sagte, daß die großen Fragen der Zeit nicht durch Reden und Majoritätsbeschlüsse, sondern durch Eisen und Blut entschieden würden.

35,13 f. *Blutlaugenhof:* Vgl. Anm. zu 14,7.

35,20 *Vater Jahn:* Friedrich Ludwig Jahn (1778–1852), Begründer der deutschen Turnbewegung.

35,27 f. *always quick and clever:* engl., immer flink und patent.

35,30 *is quite in the right way:* engl., ist auf dem richtigen Weg.

35,33 *Albion:* dichterischer Name keltischer Herkunft für Britannien.

36,8 *Just what I like:* engl., Gerade das, was ich liebe.

36,12 *»Oh, no; certainly not …«:* engl., Oh, nein; gewiß nicht.

36,16 *plätten:* norddt., ›platt machen‹, bügeln.

36,17 *Lette-Verein:* gegründet 1866 von Wilhelm Adolf
Lette (1799–1868), der mit dem »Verein zur Förderung
der Erwerbsfähigkeit des weiblichen Geschlechts« die erste und wegweisende Frauen-Berufsbildungsanstalt in
Deutschland schuf.

36,22 f. *neither the one nor the other:* engl., weder das eine
noch das andere.

36,28 f. *»Not at all; . . . preferred.«:* engl., keineswegs; deutsche Schulen sind immer vorzuziehen.

37,4 f. *Gentleman:* engl., Bezeichnung für den Herrn, d. h.
für den Mann von Lebensart, guter Herkunft und Er-
ziehung.

37,32 *no doubt, I will find it:* engl., ohne Zweifel, ich
werde sie finden.

38,1 f. *decidedly clever:* engl., entschieden gescheit.

38,18 *Toast:* engl., Trinkspruch.

38,29 *Panaché:* frz., bunt gemischtes Eis.

38,31 *»Oh, wonderfully good . . .«:* engl., Oh, ausgezeichnet.

39,4 *›On our army and navy‹:* engl., Auf [›on‹ in wörtli-
cher Übersetzung] unser Heer und unsere Flotte.

39,17 f. *not he . . . at him:* engl., nicht er . . . nicht solch ein
häßlicher alter Kerl . . . bitte, sehen Sie ihn an.

39,29 *»Oh, for shame!«:* engl., Pfui!

40,3 *Aristokratie:* griech., hier ›Gesamtheit des Adels‹.

40,6 f. *feudale Pyramide:* Der auf dem Feudalismus, d. h.
Lehnswesen, gegründete Staat des Mittelalters ist in sei-
ner sozialen Schichtung und ständischen Gliederung einer
Pyramide vergleichbar, an deren Spitze der Kaiser oder
König und unter ihm der Adel in wiederum abgestufter
Rangordnung als Führungsschicht des Volkes standen.

40,8 *Plateau:* frz., Hochebene.

40,9 *Pik:* frz., hoher Spitzberg.

40,18 *Royaldemokratie:* wörtlich ›königliche Volksherr-
schaft‹. Eine Fontanesche Wortschöpfung und zugleich
Ausdruck der unklaren politischen Vorstellungen des als
Karikatur eines Amateurpolitikers gezeichneten Leut-
nants a. D.

40,23 *Gonfaloniere:* ital., Bannerträger.

40,36–41,2 *»Stuff and nonsense . . . that's all.«:* engl., Dummes Zeug! Was weiß er von unserer Aristokratie? Er gehört wahrhaftig nicht zu ihr – das ist alles.

41,4 *Peer of the Realm:* engl., Pair, Angehöriger des engl. Hochadels, Oberhausmitglied.

41,6 f. *Knackmandel:* auch ›Krachmandel‹; süße, oft zweikernige Mandel in leicht brechbarer Schale.

41,8 *Vielliebchen:* gesellschaftlicher Scherz, bei dem zwei Personen je die Hälfte einer Zwillingsfrucht (z. B. Krachmandel) essen; wer den andern am nächsten Morgen zuerst mit »Guten Morgen, Vielliebchen!« begrüßt, gewinnt und hat ein Geschenk zu erhalten. Oder auch es verliert der, der nach einem Vielliebchenessen zuerst etwas aus der Hand des andern empfängt, ohne zu sagen: »Ich denke daran!«

41,17 *»a little pompous«:* engl., ein bißchen pompös.

41,18 *»a little ridiculous«:* engl., ein bißchen lächerlich.

41,19 f. *»shaking hands«:* engl., Händedruck.

Viertes Kapitel

41,29 *Medisance:* frz., üble Nachrede, Klatsch.

42,3 f. *hochseligen Königs Majestät:* Friedrich Wilhelm IV. (1795–1861), der sich 1857 aus gesundheitlichen Gründen von der Regierung zurückzog.

42,4 *Königin Witwe:* Elisabeth von Preußen (s. Anm. zu 27,25), die bis zu ihrem Tod im Charlottenburger Schloß wohnte.

42,5 *Meiningenschen Herrschaften:* wohl Herzog Georg II. von Sachsen-Meiningen (1826–1914), der mit der Schauspielerin Ellen Franz (Freifrau von Heldburg) verheiratet war.

42,13 *wir absentieren uns:* wir entfernen uns.

42,33 *Molkenmarktluft:* Am Molkenmarkt, in einem der ältesten Viertel Berlins, befand sich das Stadtgefängnis.

43,2 *Allasch:* feiner Kümmellikör, im gleichnamigen Ort bei Riga hergestellt.

43,3 *das eine tun und das andere nicht lassen:* geflügeltes Wort aus dem Neuen Testament (Matth. 23,23; Luk. 11,42): »Dies sollte man tun und jenes nicht lassen.«

43,9 *Eh bien:* frz., nun gut.

43,11 *ätherisch:* himmlisch, zart, luftig, durchsichtig.

43,14 f. *formidables Festungsviereck:* gewaltiges, bemerkenswertes Festungsviereck, anzüglicher Hinweis auf die Proportionen der Majorin von Ziegenhals.

43,18 *Lady Milford:* Geliebte des Fürsten in Schillers Trauerspiel »Kabale und Liebe« (1784).

44,5 *Standpunkt ... Pyramide:* Siehe Anm. zu 40,6 f.

44,13 f. *trotzdem wir ... gemeinsam haben:* In der an Teilungen reichen Geschichte Polens wurde 1815 ein Teil des Landes Preußen zugeschlagen. 1871 wurde das Großherzogtum Posen zusammen mit Ost- und Westpreußen dem Deutschen Reich eingegliedert.

44,31 *fortschrittlichen Drachen:* Gemeint ist wohl die 1861 gegründete Deutsche Fortschrittspartei.

44,33 *Vampir-Adels:* eine Fontanesche Wortschöpfung, die in den nachfolgenden Sätzen des Romans erklärt wird. Ein Vampir ist nach dem südslaw. Volksglauben ein Verstorbener, der nachts seinem Grab entsteigt, um Lebenden das Blut auszusaugen.

44,36 *Quitzowtum:* Die Quitzows waren ein altes märkisches Adels- und Raubrittergeschlecht, das durch seine Kämpfe gegen die Hohenzollern bekannt wurde. Ernst von Wildenbruch (1845–1909) schildert diese Kämpfe in seinem historischen Schauspiel »Die Quitzows«, das am 9. November 1888 mit großem Erfolg in Berlin uraufgeführt wurde. Die Erwähnung des Schauspiels läßt neben anderen Anspielungen auf zeitgenössische Ereignisse eine Datierung der Handlung des Romans – Sommer 1889 – zu. Vgl. jedoch auch im Gegensatz dazu Anm. zu 170,14, die auf das Jahr 1886 hinweist.

45,2 *Pseudo-Konservatismus:* Schein-Konservatismus.

45,11 *Meißner Tasse:* Tasse aus Meißener Porzellan.

45,23–25 *Lützowplatz ... Panke ... Friedrichstraße:* Anspielungen auf Bauvorhaben der Zeit. Die Panke war Ende des 19. Jh.s ein kleiner abwasserführender Fluß, der in Berlin in die Spree mündete, während sich auf der Friedrichstraße in jenen Jahren das Nachtleben Berlins abspielte.

45,30 f. *aufs Tapet bringen:* zur Sprache bringen.

45,35 *Schirokko:* ital., warmer föhnartiger Fallwind des Mittelmeergebiets.

45,36 *Samum:* arab., wörtlich ›Giftwind‹; heißer trockener Sturmwind in Vorderasien und Nordafrika.

46,1 *Soubrette:* frz., Darstellerin heiterer Sopranpartien der Singbühne.

46,2 *Kapital:* hier als Ausruf svw. ›ausgezeichnet, vorzüglich‹.

46,11 *Protegé:* frz., Schützling, Günstling.

46,15 *Grußgeschichte:* Es bleibt offen, auf welches Ereignis hier angespielt wird.

46,21 *heimlicher Fortschrittler:* Gemeint ist hier offensichtlich eine politische Haltung, zu der sich der Polizeiassessor jedoch nicht offen bekennt, und nicht eine Parteizugehörigkeit: die Deutsche Fortschrittspartei, 1861 als liberal-demokratische Partei gegründet, ging schon 1884 in der Deutschfreisinnigen Partei auf.

46,25 f. *der Wilhelm Tell der Situation:* In Schillers »Wilhelm Tell« unterläßt es Tell, den Hut des Reichsvogts Geßler zu grüßen (III, 3).

46,29 *Hydra:* griech., in der griech. Sage ein neunköpfiges Schlangenungeheuer, das von dem Halbgott Herakles getötet wird. Gemeint ist hier die katholische Kirche.

46,30 *dem altenfritzischen ›Écrasez l'Infâme‹:* frz., ›Vernichtet den schändlichen‹ (zu ergänzen: Aberglauben, superstition), d. h. die Kirche. Das Zitat findet sich zum ersten Mal in einem Brief Friedrichs des Großen (1712 bis 1786) an den franz. Philosophen Voltaire (1694–1778), den Hauptvertreter der kirchenfeindlichen Aufklärung, und wird von diesem in seinem Briefwechsel der Jahre 1759 bis 1768 häufig verwendet.

46,35 *Meine Ruh' ist hin . . .:* So beginnt das Lied Gretchens in Goethes »Faust« I, V. 3374.

47,1 *Ära:* lat., Zeitalter, Epoche.

47,7 *virtuos:* ital., meisterhaft, technisch vollkommen.

47,8 f. *»Der Erlkönig«:* Ballade von Goethe (1782).

47,9 *»Herr Heinrich saß am Vogelherd«:* Ballade von Johann Nepomuk Vogl (1802–66).

47,9 f. *»Die Glocken von Speyer«:* Ballade von Maximilian Freiherr von Oer (1806–46).

47,15 *ex ungue leonem:* lat., an der Klaue (erkennt man)
den Löwen. Geflügeltes Wort der griech. und lat. Dichtung, das hier zugleich als Wortspiel verwandt wird: die
drei genannten Balladen wurden von dem Komponisten
Karl Loewe (1796–1869) vertont.

47,16 *Ludwig komponiert nicht:* Siehe Anm. zu 31,19.

47,22 f. *Gartenpromenade:* Gartenspaziergang.

47,27 f. *»I can't see ... nonsense«:* engl., Ich weiß nicht,
was es bedeutet; Musik ist Unsinn.

48,7 *Take a seat:* engl., Nehmen Sie Platz.

48,12 *Doesn't he?:* engl., Nicht wahr?

48,16–18 *»No, no ... trussel.«:* engl., Nein, nein, ihm ist
nicht zu helfen ... kein Fink, keine Drossel (das im Englischen nicht existierende Wort ›trussel‹ ist eine Fontanesche Version von ›throstle‹ oder ›thrush‹).

49,1 *Kunstmonopol:* hier das Vorrecht, der alleinige Anspruch auf künstlerische Darbietung.

49,30 *Soiree:* frz., Abendvorstellung.

49,33 *Gaudium:* lat., Vergnügen, Heiterkeit.

49,34 f. *»Bächlein ...« – »Ich schnitt ...«:* zwei Lieder aus
dem Liederzyklus »Die schöne Müllerin« (1820) von
Wilhelm Müller (1794–1827) in der Vertonung von Franz
Schubert (1797–1828).

50,3 *ein Duett aus »Figaros Hochzeit«:* eine zweistimmige
Gesangsszene aus der gleichnamigen Oper von Wolfgang
Amadeus Mozart (1756–91), Text von Lorenzo da Ponte
(1749–1838).

50,5 f. *Milanollos:* Therese und Marie Milanollo, die Mitte
des 19. Jh.s als Wunderkinder und ital. Violinvirtuosin-
nen gefeiert wurden.

50,10 *peremptorisch:* vernichtend.

51,6–17 *Glück ... zum Herzen find't:* Der bewußt senti-
mental-triviale Charakter dieses Fontane-Gedichts ist un-
verkennbar (vgl. dazu auch den Aufsatz von D. Kafitz).

51,26–28 *»Wonderfully ... old lady.«:* engl., Wunderbar.
Oh, diese Deutschen, sie können alles ... sogar so eine
alte Dame.

Fünftes Kapitel

52,28 *vom hohen Olymp:* scherzhafte Anspielung auf den Kreis der Personen, die im 6. Kapitel vorgestellt werden. Der Olymp, das höchste, im Norden gelegene Gebirge Griechenlands, galt den alten Griechen als Sitz der Götter.

52,36 *Trarbacher:* bekannter Moselwein des Ortes Traben-Trarbach.

53,37–54,1 *ein X für ein U machen:* Die Redensart findet durch die im röm. Ziffernsystem Werte bedeutenden Buchstaben ihre Deutung und drückt eine – meist betrügerische – Täuschung aus. ›Jmdm. ein X für ein U (früher V geschrieben) vormachen‹ heißt, ihm 10 (X) für 5 (V) zu berechnen; im übertragenen Sinne dann ›fälschen, täuschen, etwas anders machen, als es ist‹.

54,9 *Redekatarakt:* svw. Redeschwall (Katarakt, griech., Wasserfall).

54,19 *Trapez:* an Seilen hängendes Schaukelreck.

55,1 *Parochialkirchturm:* Turm der Kirche eines untersten kirchlichen Verwaltungs- und Seelsorgebezirks.

55,4 *Singuhrturm:* volkstümliche Bezeichnung des Glockenspiels der Parochialkirche.

55,19 *»Üb immer Treu' und Redlichkeit«:* Anspielung auf Corinnas scheinbare Untreue. Das Zitat nennt die erste Zeile des Gedichts »Der alte Landmann an seinen Sohn« von Ludwig Hölty (1748–76), das besonders als Lied mit der Melodie zu »Ein Mädchen oder Weibchen« aus Mozarts »Zauberflöte« (1791) bekannt geworden ist.

55,20 f. *die berühmte Stelle von dem Kanadier:* Anspielung auf das seinerzeit bekannte Gedicht »Der Wilde« von Johann Gottfried Seume (1763–1810) mit folgendem Anfang:

Ein Kanadier, der noch Europens
Übertünchte Höflichkeit nicht kannte,
Und ein Herz, wie Gott es ihm gegeben,
Von Kultur noch frei, im Busen fühlte,
Brachte, was er mit des Bogens Sehne
Fern in Quebecs übereisten Wäldern
Auf der Jagd erbeutet, zum Verkaufe.

56,14 *Emanzipation:* Gleichberechtigung.

56,15 *Frauenzimmer:* urspr. die Bezeichnung für das Frauengemach, später Bezeichnung seiner Bewohnerinnen, hier
von Corinna in der heute noch gebräuchlichen, leicht hu-
morvollen Weise verwandt.

57,20 *Kiesel:* Kieselstein als Herz, hartherzig.

57,23 *Ruppiner Bilderbogen:* ein für Leopold Treibel nicht
gerade schmeichelhafter Vergleich zwischen Albrecht Dü-
rer (1471–1528), dem genialen spätmittelalterlichen
Künstler, und den kolorierten Bilderbogen eines märkischen Verlags, die Tagesereignisse illustrierten und als Vorläufer der heutigen Illustrierten angesehen werden können.

57,32 f. *wegen solchen Bettels von Mammon:* wegen solcher
banalen (mhd. betel, das Betteln) materiellen und finanziellen Dinge (späthebr. mamon, irdischer Gewinn, Besitz).

58,5 *Corinne au Capitole:* frz., Corinna auf dem Kapitol.
Anspielung auf den Roman »Corinne ou l'Italie« (frz.,
Corinne oder Italien, 1807) der Germaine de Staël (1766
bis 1817), dessen zweites Buch den hier zitierten Titel
trägt.

58,22 *Bonwitt und Littauer:* exklusives Berliner Konfek-
tionshaus, das die Damenmode der Zeit beeinflußte.

58,26 *Schlackwurst:* ndt., Zervelatwurst, Salami.

58,27 *Gilka:* ein nach dem Hersteller benannter Kümmellikör.

58,31 *Schwiegermama in spe:* lat., zukünftige Schwieger-
mutter.

59,1 *Madai:* Guido von Madai (1810–92), von 1872 bis
1885 Berliner Polizeipräsident.

59,5 *Teltower:* Teltower Rübchen.

59,7 *Wruken:* nordostdt., Kohlrüben.

59,12 *Marssegel:* das zweite und dritte Segel von unten an
der Marsstange, d. h. der ersten Verlängerung des voll-
getakelten Schiffsmastes.

Sechstes Kapitel

59,25 f. *Moderateurlampe:* altertümliche Form einer Petroleumlampe.

59,29 *emeritierter:* im Ruhestand lebender.

Senior: lat., der Älteste.

59,32 f. *Großen Kurfürsten-Gymnasium:* nach dem Begründer des brandenburgisch-preußischen Staats, dem Kurfürsten Friedrich Wilhelm (1620–88), genannt der Große Kurfürst.

60,16 *lieben Freunde:* Anrede, die eine veraltete Form des Vokativs verwendet. Statt des schwach gebeugten Attributs ›lieben‹ wird heute die starke Beugung verwendet, und die Form des Vokativs stimmt mit der des Nominativs überein.

61,2 *»Die sieben Waisen Griechenlands«:* scherzhafte Anspielung auf die sieben Weisen Griechenlands, eine Gruppe bedeutender Männer des 7. und 6. Jh.s v. Chr., denen Kernsprüche politisch-philosophischen Inhalts zugeschrieben werden.

61,5 f. *»Das Fähnlein der sieben Aufrechten«:* Titel einer frühen Novelle (1861) von Gottfried Keller (1819–90), die später in den Novellenzyklus »Züricher Novellen« (1878) aufgenommen wurde.

61,35 f. *Woltersdorfer Schleuse:* im 16. Jh. erbaut, beliebter Ausflugsort der Berliner.

62,8 *Finte:* ital., urspr. im Fechten ein Scheinangriff, im übertragenen Sinn svw. Ausflucht, Vorwand.

62,27 *›die Douglas waren immer treu‹:* Selbstzitat Fontanes aus seiner Ballade »Percys Tod«, der die engl. Volksballade »Northumberland betrayed by Douglas« (»Das von Douglas verratene Northumberland«) zugrunde liegt. Die hier zitierte Stelle findet sich refrainartig jeweils als 3. Zeile der Verse 2, 17, 27, 37.

62,29 f. *Schopenhauer und Eduard von Hartmann:* scherzhafter Hinweis auf zwei bedeutende Philosophen des 19. Jh.s (1788–1860 und 1842–1906), die beide Vertreter der pessimistischen Lehre waren, daß die Welt in ihrem Wesen schlecht ist.

63,6 *Klientel:* ein aus dem altröm. Recht stammender Begriff von wechselnder Bedeutung, hier svw. Abhängiger.

63,9 ›*Griechischen*‹: Griechischen Gesellschaft.

63,20 *Schwupper:* Ausdruck der mitteldt. Umgangssprache, vom Schallwort ›Schwupp‹ abgeleitet, Schnitzer, Versehen.

63,21 f. *Phrynichos den Tragiker:* ältester griech. Tragiker, Schüler des Thespis, Vorläufer des Aischylos (um 540 bis 470 v. Chr.).

63,22 *Phrynichos dem Lustspieldichter:* Dichter der alten attischen Tragödie, Zeitgenosse und Konkurrent des Aristophanes (2. Hälfte des 5. Jh.s v. Chr.). Beide Dichter wurden schon im Altertum häufig miteinander verwechselt.

63,23 *Sekundaner:* Schüler der 6. und 7. Klasse des Gymnasiums.

63,29 *Lustre:* frz., Glanz.

63,30 *Meerschaum:* eine aus weichem Mineral geschnittene Pfeife.

63,37 *Quarta:* lat., 3. Klasse des Gymnasiums.

64,6 *Kurbrandenburg:* Die Kurmark war neben der Neumark (s. Anm. zu 74,1) ehemals Hauptteil der Mark Brandenburg und umfaßte die Mittelmark, Altmark, Prignitz, Uckermark und die Herrschaften Beeskow und Storkow.

64,9 f. *beim ersten König:* Friedrich I. (1657–1713), als Friedrich III. von 1688 bis 1701 Kurfürst von Brandenburg, seit dem 18. Januar 1701 König von Preußen.

64,11 *General Barfus:* Hans Albrecht Graf von Barfus (1635–1704), brandenburgischer General und Minister, führte im Rheinfeldzug während des Pfälzischen Erbfolgekriegs den Fall der Festung Bonn herbei.

64,22 *Renkontres:* frz., Zusammenstöße, Zweikämpfe; hier svw. Schlachten, Gefechte.

65,1 *Maupassant:* der franz. Novellist Guy de Maupassant (1850–93) stand zur Zeit der Handlung des Romans auf der Höhe seines Ruhms.

65,2 *Malice:* frz., boshafte Äußerung.

65,3 f. *nomen et omen:* lat., Name und Vorbedeutung; geflügeltes Wort aus dem Werk des griech. Komödiendichters Plautus (um 254 bis 184 v. Chr.).

65,6 *Schlieker:* ndt., Schleicher, ›Leisetreter‹.

65,7 *grient:* ndt., grienen, ›grinsen, selbstzufrieden oder schadenfroh lachen‹.

65,8 *Bilde zu Sais:* in der am westl. Nildelta gelegenen alt-ägyptischen Stadt Sais wurde nach einer griech. Sage ein verhülltes Götterbild verehrt. In Schillers Ballade »Das verschleierte Bild zu Sais« (1795) enthüllt ein Jüngling das Bild und muß diesen Frevel mit dem Leben bezahlen.

65,12 *Ehesponsen:* Ehegatten, von lat. sponsa/us ›Braut, Bräutigam‹.

65,13 f. *medisanten Tag:* schmähsüchtigen Tag.

65,27 f. *kategorischen Imperativ:* ein Gebot, das ein be-stimmtes sittliches Verhalten fordert. Die Formel lautet nach Kant (1724–1804): Handle so, daß die Maxime deines Willens jederzeit zugleich als Prinzip einer allge-meinen Gesetzgebung gelten könne (»Kritik der prakti-schen Vernunft«, 1788, § 7).

65,29 *Weber:* Es bleibt offen, auf welche Gestalt hier ange-spielt wird.

66,5 *ägrieren:* ärgern.

66,7 *Pontacnasen:* Rotweinnasen.

66,8 *Homer:* griech. Epiker der 2. Hälfte des 8. Jh.s v. Chr., wird als Verfasser der ersten und zugleich bedeutendsten altgriech. Heldenlieder, der »Ilias« und »Odyssee«, ange-sehen. Vgl. auch Anm. zu 30,17 f.

66,19 *Schulprogramme:* Jahresberichte einer höheren Schule, meist verbunden mit einer wissenschaftlichen Abhand-lung.

66,20 *›Aktusse‹:* Festschriften und -reden anläßlich von Schulfesten und -feiern.

66,28 *stupende:* lat., erstaunliche.

66,30 *Rodegast:* Samuel Rodigast (1649–1708), Dichter von Kirchenliedern, von 1698 bis 1708 Rektor des ersten und heute noch bestehenden Berliner Gymnasiums »Zum Grauen Kloster«.

66,31 *Rosentaler:* Tor im Norden Berlins.

66,34 f. *Hortikulturliche:* Gartenbauliche.

66,36 *Gethsemane:* Stätte der Verhaftung Jesu am Fuße des Ölbergs bei Jerusalem (vgl. Matth. 26,36).

66,37 *Joseph von Arimathia:* bestattete als heimlicher An-

hänger Jesu dessen Leichnam in seinem Garten und in
dem für sich selbst bestimmten Grab (vgl. Mark. 15,
42–46).

67,14 f. *Bona fide:* lat., in gutem Glauben.

67,17 *mala fides:* lat., schlechter Glaube, Zweifel.

67,35 f. *›Und wenn ihr euch ... Seelen.‹:* leicht abgewan-
delte Worte des Mephistopheles zum Schüler aus Goethes
»Faust« I, V. 2021 f.

68,3 *Pomposität:* Fontanesche Wortbildung, svw. Pomphaf-
tigkeit.

68,8 *Spichern:* Im Deutsch-Französischen Krieg 1870/71 er-
stürmten preuß. Truppen am 6. August 1870 die Spiche-
rer Höhen.

68,8 f. *Premierleutnantshaltung:* Premierleutnant war im
alten deutschen Heer bis zum Jahre 1899 die Bezeichnung für Oberleutnant.

68,11 *Mr. Punch:* der Kasper des engl. Puppenspiels, zugleich Titelbildfigur des engl., 1841 gegründeten satirischen Wochenblatts »Punch«.

68,20 *Kladderadatsch:* Berliner satirische Zeitschrift, die
1848 gegründet wurde, 1944 ihr Erscheinen einstellte
und seit 1969 neu herausgegeben wird.

68,28 *Attinghausen:* Figur aus Schillers »Wilhelm Tell«
(1804). Das Zitat findet sich in der 2. Szene des IV. Auf-
zugs (V. 2425).

69,2 f. *Heinrich Schliemanns Ausgrabungen zu Mykenä:*
Das Werk erschien 1878 in Leipzig, stellt also keine Neu-
erscheinung dar. Heinrich Schliemann (1822–90) war
urspr. Kaufmann, wandte sich später im Selbststudium
der Archäologie zu und wurde durch seine Ausgrabungen
in Troja und Mykene berühmt.

69,9 *den alten Priamus:* König von Troja zur Zeit des Trojanischen Krieges (um 1190 v. Chr.) und Vater des
Äneas.

69,10 *ins Agamemnonsche hinein:* Agamemnon war nach
der griech. Sage König von Mykene und Oberbefehls-
haber des griech. Heeres im Trojanischen Krieg. Er wurde
nach seiner Rückkehr von seiner Frau Klytämnestra und
ihrem Geliebten Ägisth erschlagen, daher: *Schädelriß,
ägisthschen Angedenkens.*

69,14 *hic Rhodus, hic salta:* lat., hier ist Rhodos, hier
springe, lat. Form eines griech. geflügelten Wortes aus
einer Fabel des Äsop (6. Jh. v. Chr.), in der ein Groß-
maul prahlt, daß er einst in Rhodos einen gewaltigen
Sprung getan habe.

69,15 *Georgia Augusta:* die 1734 gegründete Göttinger Uni-
versität, eine der führenden deutschen Universitäten im
18. und 19. Jh.

69,16 *Klipp-Schule:* volkstümliche Bezeichnung für Elemen-
tarschule, auch abwertend gebraucht.

69,18 *Renonce:* frz., Fehlfarbe im Kartenspiel; hier svw.
Abneigung.

69,26 *Semitismus:* Anspielung auf die offensichtlich jüdi-
sche Herkunft Friedebergs.

69,30 *Politesse:* frz., Höflichkeit, Lebensart.

69,32 f. *Teutoburger Wald:* In der Schlacht im Teutoburger
Wald im Jahre 9 n. Chr. wurden die Römer von dem
Cheruskerfürsten Arminius vernichtend geschlagen. Gemeint ist hier das Barbarische und Unkultivierte im Wesen der alten Germanen und ihrer Nachfahren.

69,34 *Max Piccolomini:* Gestalt aus dem zweiten Teil der
Wallenstein-Trilogie, dem Schauspiel »Die Piccolomini«
(1799), das Fontane von den dramatischen Arbeiten
Schillers am höchsten einschätzte.

69,36 *der ›Sitten Freundlichkeit‹:* Zitat aus »Wallensteins
Tod« (IV, 10; V. 3069), dem dritten Teil der Wallenstein-Trilogie (1799).

70,8 *Goldmasken:* Derartige Masken, die die Gesichtszüge
des Toten überlieferten, fand Schliemann in den Grä-
bern von Mykene. Vgl. hierzu und zum Folgenden auch
S. 112 des Romans.

70,12 f. *Orests und Iphigeniens unmittelbare Vorfahren:*
Im griech. Mythos waren Orest und Iphigenie die Kin-
der der Klytämnestra, Tochter des Tyndareos von Sparta,
und des Agamemnon, Sohn des Atreus aus dem Geschlecht der Tantaliden. Orest erschlug später seine Mutter und rächte so den Tod des Vaters.

70,26 f. *Strelitz und Fürstenberg:* Schliemann ging in Lü-
beck und Neustrelitz zur Schule und war Kaufmanns-
lehrling in Fürstenberg.

70,27 f. *Virchow:* Rudolf Virchow (1821–1902), berühmter Berliner Arzt, Reichstagsabgeordneter, Freund und Förderer Schliemanns.

70,31 *lupus in fabula:* lat., der Wolf in der Fabel, das heißt, wenn man vom Wolf spricht, ist er nicht weit. Zitat und geflügeltes Wort aus der Komödie »Adelphi« (IV, 1,21) des römischen Dichters Terenz (Publius Terentius Afer, 195–159 v. Chr.).

71,29 *Trompetertisch:* svw. Nebentisch; wohl daher, daß bei Gastmählern, besonders der Offiziere, die Trompeter oder Musiker, welche die Tafelmusik besorgten, ihren Platz an einem besonderen Tisch hatten.

72,5 f. *protegierten:* geförderten; vgl. auch Anm. zu 46,11.

72,19 *des Entrees:* frz., des Korridors.

Siebentes Kapitel

72,33 *Bazar:* pers., hier svw. Tombola, deren Erlös wohltätigen Zwecken zufloß.

72,34–73,1 *dentatus et undulatus:* lat., freie Übersetzung von ›gezahnt‹ und ›wellenförmig‹ ins Lateinische.

73,4 *wie allem Kümmlichen:* Sowohl die Ironie als auch der feine und oft versteckte Humor des Fontaneschen Erzählens kommen gerade in scheinbar überflüssigen Nebensätzen dieser Art zum Ausdruck: Kümmel ist zugleich die volkstümliche Bezeichnung für einen Gewürzlikör mit Kümmelaroma, z. B. Allasch.

73,8 *statutarisch:* satzungs-, ordnungsgemäß.

73,17 *alles wäre den Krebsgang gegangen:* eine Redewendung, die schon dem späten Mittelalter bekannt war und die hier beziehungsvoll angewandt wird = alles wäre rückwärts gegangen, würde niemals fertig werden.

73,18 *Kongestionen:* Blutandrang, Wallungen.

73,31 *Pontac-Apfelsinen:* Blutorangen.

Borsdorfer: Apfel mit roter Schale, Herkunft der Bezeichnung ungewiß.

Pocke: Warze, Narbe.

73,34 *Küstriner Gegend:* Die Stadt und ehemalige Festung Küstrin liegt in der Neumark, an der Mündung der Warthe in die Oder.

74,1 *Neumärker:* Die Neumark war der auf dem rechten Oderufer und an der Warthe gelegene nordöstl. Teil der Mark Brandenburg.

Oderbrücher: Das Oderbruch ist eine großflächige Niederung im Odertal zwischen Küstrin und Oderberg in der Mark.

74,6 f. *Werderschen Kirschen:* Kirschen aus Werder bei Potsdam.

74,8 *Provinz Brandenburg:* Die ehemalige Mark Brandenburg umfaßte als preuß. Provinz die Landschaften Prignitz, Uckermark, Havelland, Mittelmark, Niederlausitz und Neumark.

74,16 *de facto:* lat., tatsächlich.

74,17 *Friedebergs Latinität:* hier svw. Kenntnis des klassischen Lateins, die nicht sehr groß ist, wie die Anwendung des vorstehenden Begriffs zeigt.

75,1 *Schock:* ein früher bes. in Norddeutschland verwandtes Zählmaß, 60 Stück.

75,14 f. *les défauts de ses vertus:* frz., die schlechten Seiten ihrer guten Eigenschaften.

75,16 *George Sand:* Pseudonym der franz. Schriftstellerin Aurore Dupin (1804–76), die sowohl wegen ihrer Liebesaffären als auch durch ihre Romane, in denen sie für sozialistische Ideen und die Trennbarkeit unglücklicher Ehen eintrat, im Frankreich ihrer Zeit großes Aufsehen erregte.

75,18 ›*comprendre c'est pardonner‹:* frz., verstehen heißt verzeihen. Fontane reduziert hier ein geflügeltes Wort der franz. Sprache, das meistens in der inhaltlich noch weiterreichenden Form ›tout comprendre c'est tout pardonner‹ (alles verstehen heißt alles verzeihen) zitiert wird und seinerseits auf einen Satz in dem schon angeführten Roman »Corinne ou l'Italie« der Madame de Staël zurückgeht.

75,20 f. *Alfred de Musset:* franz. Lyriker, Novellist und Dramatiker (1810–57), der Mitte der dreißiger Jahre des 19. Jh.s mit George Sand befreundet war.

75,31 f. *dem damaligen Kammergerichtspräsidenten:* Karl Joseph Maximilian Freiherr von Fürst und Kupferberg (1717–90), seit 1763 preuß. Justizminister und Erster

Präsident des Kammergerichts. Angespielt wird hier auf eine Auseinandersetzung zwischen ihm und Friedrich dem Großen, als er anläßlich eines Prozesses gegen eine Entscheidung des Königs Einspruch erhob und entlassen wurde.

75,35 ›*mechante Rasse*‹: niederträchtige Rasse.

75,37–76,3 *Hohenfriedberg – Leuthen – Torgau:* Orte berühmter siegreicher Schlachten Friedrichs des Großen in den Jahren 1745, 1757 und 1760. Die von Fontane des öfteren zitierten Worte, die der König den anfangs zurückweichenden Soldaten in der Schlacht von Torgau zugerufen haben soll, sind historisch nicht verbürgt.

76,4 *Schmidtiana:* typische Wendungen und Meinungen des Wilibald Schmidt.

76,5 *Genrehafte:* Genre, frz., Gattung, Wesen, Art; hier svw. charakteristisch, sinnfällig-typisch.

76,16 f. *weit über das Historische hinaus:* Es muß offenbleiben, ob es sich bei der Erörterung zwischen Schmidt und Distelkamp, die mit dieser Wendung endet, um einen Anklang an die Poetik des Aristoteles (384–322 v. Chr.) handelt (vgl. dazu den Artikel von Wolfgang Ritzel). Sicher ist dagegen, daß Schmidt hier eine ureigene Überzeugung Fontanes ausspricht, die sich dichterisch in vielfältiger Weise in seinem erzählerischen Werk niedergeschlagen hat.

76,30 *Ordre:* frz., Aufforderung, Befehl.

77,6 *Banquo steigt auf:* In Shakespeares Drama »Macbeth« (1605/06) erscheint in der 4. Szene des III. Aktes der Geist des ermordeten Heerführers Banquo und nimmt den leeren Platz an der Tafel ein.

78,17 *Schnell fertig ist die Jugend mit dem Wort:* Zitat und geflügeltes Wort aus »Wallensteins Tod« (II, 2; V. 779).

78,19 *Kaiser Wilhelm:* Wilhelm I. (1797–1888), 1861 König von Preußen, 1871 deutscher Kaiser.

78,22 *Rogen:* eigtl. die Eier des Fisches.

78,25 *Äonen:* griech., Zeit-, Weltaltern.

78,33 *Humanitäre:* Menschenfreundliche, Wohltätige. Durch die Verwendung dieser und anderer hier angeführter Begriffe ironisiert der Erzähler Fontane den Sprechenden und führt so die Szene wieder auf ein realistisches Maß zurück.

78,35 *Philanthropie:* griech., Menschenliebe (im humanitären Sinn), zugleich eine pädagogische Bewegung der Aufklärung.

79,8 *›Maß‹:* hier im Sinne von ›Gardemaß‹.

79,17 *Meriten:* lat., Verdienste.

80,2 *petit crevé:* frz., Weichling, abgeschlaffter Schwächling.

80,9 *kulinarische Persönlichkeiten:* Feinschmecker.

80,10 *Freiherrn von Rumohr:* Carl Friedrich von Rumohr (1785–1843), Kunsthistoriker und Schriftsteller, Verfasser des Kochbuchs »Geist der Kochkunst« (1823).

80,12 *Fürsten Pückler-Muskau:* Hermann Ludwig Heinrich Fürst von Pückler-Muskau (1785–1871), Offizier und Schriftsteller aus schlesischem Uradelsgeschlecht, berühmt durch seine Park- und Gartenanlagen im niederschlesischen Muskau und um Schloß Branitz bei Cottbus; auch bekannt als Feinschmecker (›Fürst-Pückler-Eis‹).

80,23 *»Semilassos Weltfahrten«:* Von einer seiner Reisen, die er in mehreren Reisebeschreibungen, so unter dem Pseudonym Semilasso (der Halbmüde) in den Romanen »Semilassos vorletzter Weltgang« (1835) und »Semilasso in Afrika« (1836), schilderte, brachte Pückler-Muskau eine Negerin mit.

81,7 *jovial:* wohlwollend, leutselig.

81,33 *Ingredienzien:* Bestandteilen.

82,9 *Intuition:* lat., Eingebung.

bon sens: frz., gesunder Menschenverstand.

82,10 *Sentiment:* frz., Empfindung, Gefühl.

82,17 *Esprit:* frz., Geist, Witz.

82,31 *eines Budikers:* eines Kramladenbesitzers.

83,20 *infernalen Virtuosität:* teuflischen Perfektion.

83,37 *Proverbe:* frz., Sprichwort; hier svw. Sprichwörterspiel, eine in Frankreich entstandene Gattung kleiner Lustspiele, deren Handlung meist an ein Sprichwort anknüpft.

84,15 *Capricen:* frz., Launen.

85,3 *Suffisance:* frz., Dünkel.

85,15 *Friedrich Wilhelm I.:* der ›Soldatenkönig‹ (1688

bis 1740), Vater Friedrichs des Großen und ab 1713 König von Preußen, bekannt durch seinen einfachen Lebensstil.

85,24 *chic:* frz., modisch, elegant.

85,27 *jeu d'Esprit:* frz., geistreiches Spiel.

85,31 *Aplomb:* frz., Sicherheit, Dreistigkeit.

86,8 *sprech ich ein großes Wort gelassen aus:* Anklang an ein geflügeltes Wort aus Goethes »Iphigenie auf Tauris« (1787); Thoas zu Iphigenie: Du sprichst ein großes Wort gelassen aus (I, 3; V. 307).

86,26 f. ›*Taucher‹ – ›Gang nach dem Eisenhammer‹:* Balladen von Schiller.

87,31 *Ponderable:* Wägbare.

87,37 *Eskapade:* frz., urspr. Seitensprung eines Schulpferdes; hier svw. mutwilliger Streich, unüberlegte Handlung. *Gretna Green:* das für seine Schnelltrauungen bekannte Dorf in Südschottland.

88,1 *Brückner:* Benno Brückner (1824–1905), Theologieprofessor, seit 1872 Generalsuperintendent in Berlin. *Kögel:* Rudolf Kögel (1829–96), Oberhofprediger und Seelsorger Wilhelms I.

88,4 *Farce:* frz., ein für den Bereich der Küche und des Theaters verwendeter Begriff; hier svw. leicht durchschaubare, lächerliche Komödie.

88,9 *Untersekunda:* 6. Klasse des Gymnasiums.

88,16 f. *die Wurzeln deiner Kraft:* Anklang an eine Stelle in »Wilhelm Tell«; Attinghausen zu Rudenz: Hier sind die starken Wurzeln deiner Kraft (II, 1; V. 923).

Achtes Kapitel

89,10 *Strippe:* volkstümliche Bezeichnung für Bindfaden, hier svw. Leine.

90,8 *passabel:* leidlich, annehmbar.

90,9 *Alp:* urspr. Bezeichnung mythischer Wesen (Elfen), die den Alptraum hervorrufen.

90,35 *Gladstone:* Die Frage zeugt, wie auch die Reaktion des Kommerzienrats zeigt, sicher nicht von politischem Sachverstand und echtem Interesse: der engl. Staatsmann William Gladstone (1809–98) bekleidete zur Zeit der

Handlung des Romans kein Regierungsamt, sondern war Führer der liberalen Opposition im Parlament.

91,9 *aufgepuckelten:* svw. aufgehalsten, aufgebürdeten.

92,7 *Insolenz:* Anmaßung, Unverschämtheit.

92,9 *Honneurs:* frz., Ehrenerweisungen.

92,37–93,1 *schrauben sich beständig:* reiben sich ständig aneinander.

94,6 *Suse:* Kurzform von Susanne; hier svw. Milchgesicht, Muttersöhnchen, Weichling.

94,10 *Herrnhut:* Kleinstadt bei Zittau, Stammort der Evangelischen Brüdergemeine, einer im 18. Jh. aus dem Pietismus hervorgegangenen Religionsgemeinschaft.

94,10 f. *Gnadenfrei:* eine der ersten Kolonien der Herrnhuter in Schlesien.

95,26 *Verwogenheitsfamilie:* eine Fontanesche Wortbildung, svw. aus verwegenem, kühnem Geschlecht.

96,18 *»pink-coloured scarf«:* engl., rosarote Schärpe.

96,37 *Spreewälderamme:* Die Berliner Ammen jener Zeit kamen häufig aus dem Spreewald, einer Landschaft der Niederlausitz südöstl. von Berlin.

97,4 *Thomasgemeinde:* Gemeinde der Thomaskirche am Mariannenplatz nahe der Köpenicker Straße.

97,35 *Eau de Cologne:* frz., Kölnischwasser.

97,36 *Eau de Javelle:* frz., Bleich- und Desinfektionsmittel.

99,4 *so low, so vulgär:* engl., so schlecht, so gewöhnlich.

99,24 *unter König Christian gegraft worden:* Christian IV. von Dänemark (1577–1648) hatte 1615 die bürgerliche Christine Munk geheiratet und zur Gräfin erhoben.

99,28 *Syndikatsfamilie:* vornehme Kaufmannsfamilie, deren Mitglieder ein städtisches Amt bekleideten.

102,4 *Ridikül:* Lächerlichkeit.

103,6 *bei den Gardedragonern:* Berlin war nach 1870 Garnison zahlreicher Regimenter, von denen die beiden Garde-Dragoner-Regimenter »Königin Victoria von England« und »Kaiserin Alexandra von Rußland« in wiederum abgestufter Rangfolge (1. und 2. Regiment) als traditionsreiche Elite-Regimenter galten.

103,22 *Treptow:* zur Zeit der Handlung des Romans noch ein Dorf südöstl. von Berlin.

103,34 *Ritter Karl von Eichenhorst:* Gestalt einer Ballade

Gottfried August Bürgers (1747–94), betitelt »Die Entführung, oder Ritter Karl von Eichenhorst und Fräulein Gertrude von Hochburg« (1778). Die Ballade beginnt mit folgenden Zeilen, auf die in den weiteren Sätzen des Romans angespielt wird:

Knapp', sattle mir mein Dänenroß,
Daß ich mir Ruh' erreite!

103,36 *equestrisch:* reiterlich.

104,2 *Graditzer:* Reitpferd aus dem preuß. Staatsgestüt Graditz bei Torgau.

104,7 *Schafgraben:* zum Landwehrkanal ausgebauter Spreearm.

104,8 *»Schlesischen Busch«:* parkartiges Gehölz östl. des Landwehrkanals vor dem Schlesischen Tor.

104,30 *Pferdebahnwagen:* die Pferdebahn, ein von Pferden gezogenes Schienenfahrzeug, wurde 1865 in Berlin eingeführt und war der Vorläufer der elektrischen Straßenbahn, die schon 1881 in Lichterfelde bei Berlin in Betrieb genommen wurde.

104,36 *Affenpinscher:* Pinscher-Hunderasse. Hier in umgangssprachlicher und zugleich scherzhafter Weise für ›Hund‹ verwendet.

105,11 *Staketenzaun:* Lattenzaun; Ende 15. Jh. aus dem Niederl., sowohl im Roman. (ital. stacca, stacchetta) wie im Germ. (Staken) beheimatet.

105,11 f. *Etablissements:* frz., hier ›Gartenlokals‹.

105,19 *splendid:* lat., freigebig.

105,20 *Gentilezza:* ital., Höflichkeit, Feinheit.

105,24 *Damens:* umgangssprachlich für Damen.

105,32 *Freund und Kupferstecher:* scherzhafte Berliner Redewendung.

105,34 *Dag:* ndt., umgangssprachlich für Tag.

106,13 *Auskultation:* Abhorchen der Lunge.

106,16 *ist unser Wissen Stückwerk:* Vgl. 1. Kor. 13,9: »Unser Wissen ist Stückwerk«.

106,28 *schuddert:* umgangssprachlich für schaudert.

107,1 *labbrig:* ndt., fade.

107,16 *Sperl:* ehemalige Gastwirtschaft in Treptow.

107,30 *simplement:* umgangssprachlich für einfach.

108,6 *Josty:* bekanntes Berliner Café, zur Zeit der Handlung des Romans am Potsdamer Platz gelegen (vgl. auch Anm. zu 7,26 Kranzler).

108,25 ›*Milch der frommen Denkungsart*‹: Zitat aus Schillers »Wilhelm Tell«, s. den Monolog des Titelhelden in der 3. Szene des IV. Aktes (V. 2572 f.):
[...] in gärend Drachengift hast du
Die Milch der frommen Denkart mir verwandelt.

109,5 ›*Pluck ... that's it.*‹: engl., Mut, lieber Leopold, darauf kommt es an.

110,35 f. »*Neuen Krug*« – »*Sadowa*«: zwei an der Spree gelegene Lokale, zugleich beliebte Ausflugsziele der Berliner.

111,1 »*Liebesinsel*«: Spreeinsel östl. von Stralau.

111,5 *Reprimande:* mundartlich für Tadel, Verweis.

111,28 *Stable-yard:* engl., Stallung.

Neuntes Kapitel

113,11 f. *Bernauer Kriegskorrespondenten:* Der Berliner Journalist Julius Stettenheim (1831–1916) erfand für sein Witzblatt »Die Wespen« die komische Figur des Korrespondenten Wippchen, der seine Berichte nicht am Ort des Geschehens, z. B. dem des russisch-türkischen Kriegs von 1877, sondern in Bernau bei Berlin schrieb und die Leser durch seine witzige Art der Berichterstattung erheiterte.

113,24 *Montecuculis Wort:* Nach einem Ausspruch des ital. Feldmarschalls und Militärschriftstellers Raimund Graf Montecuccoli (1609–80), der jedoch den Marschall Gian Giacomo Trivulzio (um 1440 bis 1518) zitiert, gehören zum Kriegführen drei Dinge: Geld, Geld und nochmals Geld.

113,33 »*unter Larven die einzig fühlende Brust*«: Zitat aus Schillers Ballade »Der Taucher« (1798).

114,2 f. *Die Konservativen:* wahrscheinlich die Anhänger der 1876 gegründeten deutschkonservativen Partei, die in den altpreuß. Provinzen zum Sammelbecken aller konservativen Kräfte wurde und seit 1879 eine der stärksten Parteien im preuß. Abgeordnetenhaus war.

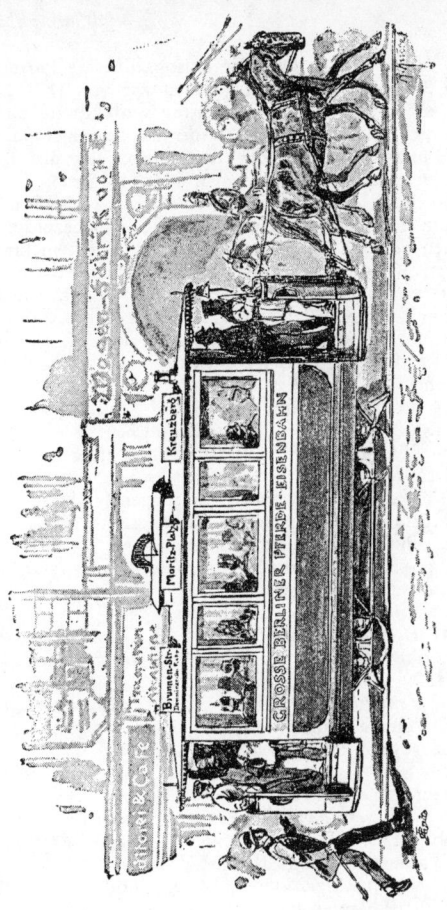

Pferdebahn

114,3 *Nationalliberalen:* Die nationalliberale Partei wurde
am 28. Februar 1867 gegründet, war von 1871 bis 1881
die stärkste Partei im Reichstag und konnte nach vor-
übergehendem Rückgang Ende der achtziger Jahre ihre
Stellung auf Grund der Zusammenarbeit mit Bismarck
und mit den Konservativen wieder festigen.

114,10 *rationalistischen Superintendenten:* Superintendent
ist in der evangelischen Kirche die Amtsbezeichnung für
einen höheren Geistlichen, der zugleich einem kirchlichen
Verwaltungsbezirk vorsteht. Der Zusatz charakterisiert
auf typisch Fontanesche Art die hier bezeichnete Persönlichkeit zugleich als einen im Sinne des Rationalismus
vernunft- und verstandesmäßig handelnden Theologen.

114,11 f. *Orthodox-Konservativen:* svw. streng Konservativen.

114,14 *vacat:* lat., fehlt.

114,32 *Emblemen:* Kenn-, Hoheitszeichen.

114,36 *Löschpapier:* hier svw. Zeitungspapier.

115,1 f. *»Der Wächter an der wendischen Spree«:* Diese und
die nachfolgend genannten Zeitungen (»Alltied Vorupp«,
plattdt., ›Allzeit vorauf‹) lassen sich nicht nachweisen
und sind wohl von Fontane erfunden.

115,3 f. *cis-, ... transspreeanischen Ursprunges:* diesseits,
... jenseits der Spree.

115,10 *Anno 48:* im Jahre 1848.

115,11 *Hydra:* Vgl. Anm. zu 46,29. Gemeint sind hier die
demokratischen und revolutionären Kräfte des Jahres
1848.

115,33 *Zentrum:* Anspielung auf die gleichnamige, 1871 gegründete katholische Volkspartei, benannt nach ihrer
Sitzordnung im Reichstag.

115,34 *Ellipse:* in der Geometrie eine stetig gekrümmte,
geschlossene Kurve.

116,8 f. *Ich kenne meinen Pappenheimer:* frei nach Schiller;
vgl. dazu: »Daran erkenn ich meine Pappenheimer«
(»Wallensteins Tod« III, 15; V. 1871).

116,12 *»Nationalzeitung«:* 1848 gegründet, Sprachrohr der
nationalliberalen Partei.

116,35 f. *›Fixigkeit‹:* berlinerisch für ›Schnelligkeit‹.

116,37–117,1 *Märchen vom ›Swinegel und siner Fru‹:* altes

plattdeutsches Märchen ›vom Schweinigel und seiner Frau‹, die eine Wette mit dem Hasen, wer der Schnellere ist, gewinnen, indem sie sich an zwei Stellen placieren und den Hasen, der die beiden Igel nicht unterscheiden kann, mit dem in dem Roman wenig später zitierten Ruf empfangen.

117,17 f. *Knickstiebeln:* umgangssprachl. svw. Stiefelträgern.

117,19 f. *Zirkelquadratur- und Perpetuum-mobile-Sucher:* eine typisch Fontanesche Wortbildung, mit denen auf zwei berühmte Aufgaben der Geometrie und Physik angespielt wird, die nicht lösbar sind.

117,35 *Klasse der Malvoglios:* Anspielung auf die gleichnamige komische Gestalt in Shakespeares Lustspiel »Twelfth Night or What You Will« (»Was Ihr wollt«, 1599).

117,37 *Galimathias:* frz., ungereimte Zusammensetzung mit der wörtlichen Bedeutung ›Wissen eines Hahns‹, sinnloses, verworrenes Geschwätz.

118,6 *Methode hat auch der Wahnsinn:* Anklang an eine Stelle in Shakespeares »Hamlet« (1601/02): »Ist dies schon Tollheit, hat es doch Methode« (II, 2; V. 207).

118,15 f. *guter Mensch ... schlechter Musikant:* Anspielung auf eine Stelle in dem Lustspiel »Ponce de Leon« (1804; V, 2) von Clemens Brentano (1778–1842), die durch Heine (»Ideen. Das Buch Le Grand«, 1827) zum geflügelten Wort »Gute Leute und schlechte Musikanten« wurde. Von Fontane auch in »Effi Briest«, 7. Kap., zitiert.

118,20 f. *Das ist Tells Geschoß:* Zitat aus Schillers »Wilhelm Tell« (IV, 3; V. 2792).

118,28 *Frei-Konservativen:* Die Freikonservative Partei wurde 1866 im preuß. Abgeordnetenhaus gegründet und nannte sich später im Deutschen Reichstag Deutsche Reichspartei, die bes. im Kulturkampf die Politik Bismarcks unterstützte.

121,4 *Genoveva:* nach der Legende die tugendhafte Gemahlin eines Pfalzgrafen Siegfried (um 750), später Gestalt eines deutschen Volksbuchs des 18. Jh.s und Heldin verschiedener Dramen und Opern.

121,5 *Susanna:* Gestalt einer Erzählung des Alten Testaments (›Susanna im Bade‹).

121,10 *Elisabeth* (1207–31), Gemahlin des Landgrafen Ludwig von Thüringen, führte nach dessen Tod (1227) in Marburg in freiwilliger Armut ein Leben barmherziger und christlicher Nächstenliebe, bereits 1235 heiliggesprochen.

121,36 f. *Kakerlakige:* Weißliche; eine Fontanesche Wortbildung.

122,28 *Halensee:* See und Stadtteil im Westen Berlins. Vgl. Anm. zu 3,3–5.

123,2 *Quartett:* Hauptgattung der Kammermusik mit vier Spielern; hier ›Gesangsquartett‹.

123,3 *Potsdamer Regierung:* Potsdam war Sitz der Verwaltung des gleichnamigen Regierungsbezirks.

123,4 *Reserveoffiziere:* Entsprechend der Bedeutung, die im Preußen des 18. und 19. Jh.s allem Militärischen zugemessen wurde, nahm – wie die, wenn auch humorvolle Reaktion des Kommerzienrats zeigt – der inaktive Offizier im gesellschaftlichen Leben der Fontane-Zeit eine geachtete Stellung ein und dokumentierte auch rein äußerlich seinen ehemaligen militärischen Rang. Vgl. dazu Anm. zu 20,3 f. und die Anzeige der Verlobung des bürgerlichen Marcell Wedderkopp auf S. 206 des Romans.

123,15 *Tic douloureux:* frz., neuralgischer Gesichtsschmerz, hier auch für Migräne gebraucht.

123,18 *prädominierendes:* vorherrschendes, überwiegendes.

123,27 *»shocking«:* engl., anstößig, schrecklich.

Zehntes Kapitel

124,22 *Kremsers:* ein Kremser war ein nach dem Berliner Fuhrunternehmer gleichen Namens benannter, von mehreren Pferden gezogener Wagen. Der Vorläufer des heutigen Omnibus.

124,24 *männiglich:* jeder.

124,26 *akademischen Viertels:* die Viertelstunde, die im dt. akademischen Leben eine Veranstaltung gewöhnlich später als angegeben beginnt.

124,30 *Equipagen:* frz., herrschaftliche Kutschen.

124,32 *neue Dampfbahn:* die im Jahre 1888 eröffnete Bahn, die vom Zoo nach Halensee fuhr.

124,33 *mutterwindallein:* Trübners Wörterbuch (1943) gibt ›mutterwindallein‹ als nur von Fontane (so auch in »Effi Briest«, 15. Kap.) gebrauchtes Synonym für ›mutterseelenallein‹ an. Eine der Herkunftsdeutungen für ›mutterseelenallein‹ ist die Volksetymologie aus frz. moi tout seul, ›ich ganz allein‹.

124,34 *Stadtbahn:* Die Stadtbahn durchzog im Gegensatz zur Ringbahn Berlin von Ost nach West mit den Endstationen Schlesischer Bahnhof und Charlottenburg.

125,10 f. *Altan ... Söller:* von Mauern oder Pfeilern gestützter, meist offener Vorbau in oberen Stockwerken eines Hauses.

125,13 *Kemenate:* urspr. das Frauengemach einer Burg.

125,18 *Wüstenpanorama:* Gesamtansicht, Rundblick der ironisch als Wüste bezeichneten Gegend um den Halensee.

125,33 f. *›Genieße fröhlich, was du hast‹:* frei nach Christian Fürchtegott Gellert (1715–69), vgl. aus seinem Lied »Zufriedenheit mit seinem Zustande« die ersten beiden Zeilen der 4. Strophe:
Genieße, was dir Gott beschieden,
Entbehre gern, was du nicht hast!

126,1 *Blasphemie:* griech., urspr. Gotteslästerung, hier svw. verletzende Äußerung.

126,5 *Siechen:* nach dem Besitzer benanntes Bierrestaurant, auch Name einer Brauerei und ihrer Biersorte.

126,6 *schweren Wagner:* ein gleichfalls nach dem Besitzer benanntes Bierrestaurant, in dem ›schwere‹ bayerische Biere ausgeschenkt wurden.

126,16 f. *Fliederbosquet:* Fliederbüschen.

127,1 *restituiert:* lat., wiederhergestellt.

127,16 *Badine:* frz., Reitgerte.
die Unaussprechlichen: damals übliche Umschreibung für ›Hosen‹.

127,19 *Ehrenlegion:* bedeutendster franz. Orden, 1802 von Napoleon I. gestiftet.

127,23 *Schleife:* schlittenförmiges, in der Landwirtschaft verwendetes Fahrzeug, hier abwertend gebraucht.

127,27 *à tout prix:* frz., um jeden Preis.

128,3 *Seidel:* ein Maß Bier.

128,4 *Löwenbräu:* Münchner Biersorte.

128,28 *Teschings:* kleine Handfeuerwaffen.

129,26 *Valet:* lat., Lebewohl.

129,32 f. *märkische Schule ... Beleuchtungskünstler ersten Ranges...:* gemeint sind wohl der Berliner Maler Walter Leistikow (1865–1908) und die Berliner Impressionisten des ausgehenden 19. Jh.s, wobei mit leiser Ironie auf gewisse Tendenzen in der Malerei und Dichtung der Zeit angespielt wird.

130,3 *das sei ferne von mir:* Zitat aus dem Alten Testament (2. Sam. 20,20).

130,6 *proponiere:* schlage vor.

130,6 f. *Paulsborn – Hundekehle:* Gartenrestaurants am Grunewaldsee, beliebte Ausflugsziele der Berliner.

130,11 *Modifikation:* frz., Abänderung.

130,16 *Dank vom Hause Österreich:* Zitat aus »Wallensteins Tod« (II, 6; V. 1099).

130,17 *der Gerechte muß viel leiden:* Zitat aus dem Alten Testament (Psalm 34,20).

132,1 *Manquement:* frz., Unkenntnis.

132,12 f. *›Nach Frankreich ... die Köpfe hangen‹:* 1. und 4. Zeile der ersten Strophe des Gedichts »Die Grenadiere« aus dem Gedichtband »Buch der Lieder« (1827) von Heinrich Heine (1797–1856).

132,35 *Uhlenhorst:* Hamburger Villenvorort.

132,37 *Windsorsoap:* engl., Windsorseife, gewöhnliche Seife des täglichen Gebrauchs.

133,6 f. *Düppel:* dänisches Dorf der Halbinsel Sundewitt in Nordschleswig, von 1864 bis 1920 in dt. Besitz. Eine in der Nähe des Dorfes angelegte Brückenverschanzung wurde in den deutsch-dänischen Kriegen von 1848 bis 1850 und 1864 wiederholt und mit wechselndem Erfolg für beide Seiten umkämpft.

133,13 *Canossa:* Der dt. Kaiser Heinrich IV. (1050–1106) trat am 25. Januar 1077 und in den darauffolgenden Tagen im Schloßhof der ital. Felsenburg Canossa barfuß und im Büßergewand vor Papst Gregor VII. und erwirkte durch diese tiefe Selbstdemütigung die Lösung von der geistlichen Strafe des Kirchenbanns. Der Vorgang wurde von Bismarck aufgegriffen und auf das politische Tagesgeschehen seiner Zeit bezogen, als er am 14. Mai 1872 im Reichstag in einer Rede zum sog. ›Kulturkampf‹ erklärte: »Nach Canossa gehen wir nicht.«

133,18 ›*Ich weiß nicht ...*‹: Anfangszeile des bekannten Gedichts von Heinrich Heine, vertont von Felix Mendelssohn-Bartholdy (1809–47).

133,28 *Mantille:* frz., leichter modischer Damenmantel.

137,34 *Blankenese:* vornehmer Hamburger Villenvorort am nördl. Ufer der Elbe.

137,35 *Plattstichnadel:* wird für ornamentale Nadelarbeiten, die das Muster aus parallel zueinander liegenden Fäden bilden, gebraucht und war Hauptarbeitsinstrument der früheren sog. ›Höheren Tochter‹.

138,5 *Quack:* niederl., dummes Zeug, Geschwätz; hier svw. dumme Gans.

138,31 *Tete:* frz., Spitze.

139,8 f. *sanitären Bedeutung:* Die Spargelpflanzungen wurden mit den Abwässern der Stadt gedüngt.

139,21 *mystisch:* geheimnisvoll, dunkel.

139,22 *hypnotisch:* hier ›beeinflussend, den Willen lähmend‹.

139,29–31 *amusing – charming – high-spirited – fascinating:* engl., amüsant – entzückend – geistreich – bezaubernd.

141,1 *Zwölf Apostel:* die in neugotischem Stil zwischen 1871 und 1874 erbaute Berliner Zwölf-Apostel-Kirche.

141,13 *Cottage-Villa:* engl., Landhaus.

141,32 ›*capital fun*‹: engl., Heidenspaß.

142,30 *Confessions:* engl., frz., Geständnissen, Bekenntnissen.

142,31 *Fait accompli:* frz., vollendete Tatsache.

143,26 *Schloß Grunewald:* ehemaliges Jagdschloß, 1542 von Kurfürst Joachim II. (1535–71) erbaut.

143,29–32 *Wenn nach dir ... still zu stehn:* vorletzte Strophe aus dem Gedicht »Das Mondlicht« (1831) von Nikolaus Lenau (1802–50).

144,3 *Crême de Cacao:* frz., süßer Likör.

Elftes Kapitel

144,19 *en vue:* frz., gegenüber.

144,24 *plazierte:* setzte.

144,31 *in Zivil:* Reserveoffiziere trugen nur während der jährlichen Manöver oder zu besonderen Anlässen ihre Uniform.

144,32 *Sommerleutnants:* spöttische Bezeichnung für einen Reserveoffizier, der nur im Sommer an militärischen Übungen teilnahm.

145,12 *Rüschen:* svw. Falten, gefalteter Besatz.

145,13 *Tolleisen:* Brennschere.

145,17 *seiner is auch nich:* sein (d. h. Schmolkes) Geburtstag ist auch nicht.

146,1 *gedrippelt:* geregnet.

146,8 *die Bündel:* die Schulhefte.

146,27 *Nücken:* Launen, Schrullen.

147,6 *die Kälber:* boshafte Anspielung auf die Töchter des Hannibal Kuh (vgl. dazu auch S. 59 ff.).

147,21 *wird es gastrisch:* wird es schlimm mit dem Magen.

148,2 *Tülle:* Ausguß.

150,13 *Versucher in der Wüste ... schenke ich dir:* Vgl. dazu Matth. 4,8 ff. und Luk. 4,1 ff.

151,16 *pimperlings:* umgangssprachlich svw. in Strömen.

151,25 *›Sitte‹:* Sittenpolizei.

152,1 *Proppertät:* Sauberkeit, Anständigkeit, Ordentlichkeit.

152,5 *Karessieren:* mundartlich für liebkosen, eine Liebschaft haben.

153,12 *Maulschelle:* Schlag auf den Mund; von ›Schelle‹, Glöckchen, wegen des schallenden Geräuschs.

153,29 *verfiere:* erschrecke.

154,10 *Renz:* berühmter Zirkus mit festem Haus in Berlin.

154,33 *Billetter:* Billetts, Theaterkarten.

155,1 *die Erharten:* Die Schauspielerin Luise Erhartt beendete am 31. Mai 1878 mit einer »Maria Stuart«-Aufführung in Berlin ihre Bühnenlaufbahn.

155,35 f. *da hilft kein Prätzelbacken:* umgangssprachliche und sprichwörtliche Redewendung: da hilft nichts!

Zwölftes Kapitel

156,14 *Schmatz:* berlinerisch für Kuß.

158,9 *Fatales:* Verhängnisvolles.

158,24 *Billet:* hier Karte, kurzer Brief.

159,1 *Prinzipals:* Geschäftsinhabers.

159,24 *Flacon:* Fläschchen.

160,34 *Gimpel:* Dompfaff; im übertragenen Sinn: Trottel, Einfaltspinsel.

161,4 *Hotel garni:* frz., Hotel mit eingeschränktem Service, hier abwertend gebraucht.

161,26 f. *der Segen der Eltern ... Häuser baut:* Redewendung nach dem Alten Testament (Jes. Sir. 3,11: des Vaters Segen baut den Kindern Häuser, aber der Mutter Fluch reißt sie nieder.).

162,8 *Mansarde:* frz., ausgebautes Dachgeschoß, benannt nach dem frz. Baumeister Jules Hardouin-Mansart (1646 bis 1708).

162,14 *»mores«:* lat., Sitten, hier svw. Moral.

162,16 *Trottoir:* frz., Bürgersteig.

162,17 *»Cousin«:* frz., Vetter, hier ›Freund, Bekannter‹.

162,37 *wie das Leiden ...:* wie das Leiden Christi.

163,21 *Alteration:* frz., Aufregung, Ärger.

163,31 *als Spreewälderin:* als Amme (vgl. auch Anm. zu 96,37), hier in abwertender Weise gebraucht.

165,5 *Bettlade:* Bettkasten, hier svw. Aussteuertruhe.

165,32 *Majolikaschüssel:* Majolika: nach der Insel Mallorca benannte, bemalte und doppelt gebrannte Tonware.

165,33 *Venus:* lat., in der lat. Poesie Göttin der Liebe, Schönheit und Anmut.
Cupido: lat., Liebesgott, Sohn der Venus.

166,1 *Brauneberger:* vorzüglicher Moselwein.

166,18 *Montmorencys – Lusignans:* alte frz. Adelsfamilien.

166,19 *die schöne Melusine:* Gestalt der frz. Sage und der Dichtung, sagenhafte Stammutter der Grafen von Lusignan.

166,21 *Bismarcks – Arnims:* alte märkische Adelsgeschlechter.

166,37 *Philippika:* svw. Zornrede, so genannt nach den Re-

den des griech. Philosophen Demosthenes (384–322 v.
Chr.) gegen Philipp von Mazedonien.

167,28 *Fauteuil:* frz., Lehnsessel.

Dreizehntes Kapitel

168,21 *Konsoluhr:* Konsole: Wandgestell.

169,24 *diffizil:* schwierig, eigen.

170,14 *Jubiläumsausstellung:* anläßlich der 1. Berliner Kunst-
ausstellung von 1786 am 23. Mai 1886 eröffnet.

170,23 *Buten-Alster:* plattdt. für ›Außenalster‹.

170,32 *Eierhäuschen:* bekanntes Gartenlokal und Ausflugs-
ziel der Berliner.

171,3 *fürder:* Vorform von ›fort‹, weiterhin, künftig.

172,12 *ausstaffieren:* ausstatten.

172,25 *en famille:* frz., in der Familie, in engem Kreise.

173,17 *Rohrpostbriefe:* Die Berliner Stadtrohrpost arbeitete
mit Druckluft, wurde 1865 durch Werner von Siemens
gebaut und in den Jahren 1875–77 modernisiert.

174,1 *Hasenohr:* das Ohr eines Angsthasen.

174,8 *Pindar:* griech. Lyriker (um 522 bis 446 v. Chr.).

174,9 *Novalis:* Friedrich von Hardenberg (1772–1801), dt.
Dichter der Frühromantik.

174,27 *Kesselstelle:* eingesessene Stelle.

174,28 *applaniert:* ausgeglichen, geebnet.

175,20 f. *superioren:* lat., überlegenen.

175,33 *übelbeleumdeten:* verrufenen.

175,35 *Stegreif:* von der konkreten Form ausgehendes altes
Wort für ›Steigbügel‹; ›aus dem Stegreif‹ svw. ohne Vor-
bereitung, eigtl. ›ohne erst vom Pferd abgestiegen zu
sein‹.

175,36 *Junker generis feminini:* lat., Junker weiblichen Geschlechts, zugleich scherzhafte Anspielung auf die Raub-
ritter früherer Zeiten in dieser Gegend.

178,12 *Beauté:* frz., Schönheit.

178,28–30 *Pfund vergraben – Licht ... unter den Scheffel
stellen:* Redewendungen nach dem Neuen Testament
(Luk. 19,20; Matth. 5,15 f.).

180,5–7 *Ahlbecker Fischerhaus ... Villa in Capri:* ein Vergleich zwischen einem kleinen Seebad der Ostseeinsel Use-

dom und der bekannten Mittelmeerinsel, der den Standesdünkel der Kommerzienrätin zum Ausdruck bringt.

180,18 f. *Impietät:* Mangel an Pietät, Lieblosigkeit.

180,28 *Staffeln:* Stufen, hier svw. Zielen.

Vierzehntes Kapitel

181,11 *las Goethe:* wohl den seiner Gemütsverfassung entsprechenden Roman »Die Leiden des jungen Werthers« (1774) von Goethe.

181,16 f. *Präliminarantwort:* Fontanesche Wortbildung, svw. Vorausantwort.

181,21 *Sentiments:* frz., Gefühle.

181,24 *Pythisches:* Pythia war die Prophetin des Delphischen Orakels.

181,25 *Observanz:* Herkunft, Herkommen.

182,7 *Kaffeeklappe:* in der Berliner Umgangssprache Bezeichnung für eine billige Gastwirtschaft.

183,26 *Sèvres:* frz., Pariser Vorort mit bekannter Porzellanmanufaktur.

Grecborte: Randverzierung nach griech. Muster.

183,32 *Meißen und Zwiebelmuster:* Meißner Porzellan mit einem typischen Muster.

183,36 *Anschluß und Radialsystem:* bezieht sich auf das Abwassersystem Berlins, das Ende der siebziger Jahre des 19. Jh.s entstand.

184,30 *Affront:* frz., Schimpf, Beleidigung.

185,3 f. »*Quite english, Helen*«: engl., Ganz englisch, Helene.

185,28 *Roulett:* frz., Glücksspiel, hier ›Spieltisch‹.

186,35 *Pensionäre:* Pensionsgäste, wie sie von Witwen zum Lebensunterhalt oder von Professorenfrauen zur Aufbesserung der finanziellen Mittel in den Haushalt aufgenommen wurden.

186,35 f. *große Markthalle:* im Zentrum der Stadt, am Alexanderplatz gelegen und seit dem Jahre 1886 bestehend.

187,3 *Potenz:* hier ›Fähigkeit‹.

187,11 *Nationalgalerie:* 1861 in Berlin mit Hilfe einer privaten Schenkung gegründet. Bot neben Werken ausländischer Künstler einen umfassenden Überblick über die dt. bildende Kunst seit 1800.

187,12 f. *Cornelius-Saal:* Galeriesaal, in dem die Kartons ausgestellt waren, die der dt. Maler Peter Cornelius (1783 bis 1867) für die nicht ausgeführten Wandgemälde einer Grabkapelle der königlichen Familie gezeichnet hatte.

187,14 *Predelle:* der mit Malereien oder Skulpturen geschmückte Sockel eines Altarbildes.

187,17 *Ramses:* hier wohl der ägyptische König Ramses II. (um 1290 bis 1223 v. Chr.).

188,1 *vierten Gebot:* du sollst Vater und Mutter ehren (Martin Luther: Der große Katechismus, 1529).

188,7 *an der schottischen Grenze:* Vgl. Anm. zu Gretna Green 87,37.

190,1 *Kriepsch:* berlinerisch für Kerngehäuse.

190,10 *arretieren:* festnehmen, verhaften.

190,12 *die alte Geschichte vom Geschmack...:* nach dem lat. Sprichwort »de gustibus non est disputandum«.

190,17 *Hacheln:* die feinen Härchen und Häutchen des Kerngehäuses.

190,22 *Malvasier:* nach der Malvasier-Rebe benannte Weinbirne.

190,30 *das Adstringens:* lat., wörtlich ›Das Zusammenziehende‹.

191,14 f. *Vehemenz:* Heftigkeit, Wildheit.

192,26 *Schicht damit machen:* Schluß damit machen.

192,30 *Puffscheitel:* Mittelscheitel zwischen aufgebauschtem Haar.

192,31 *Brillantbommeln:* Ohrringen.

Tort: frz., Kränkung.

192,33 *ötepotöte:* umgangssprachlich für etepetete, geziert.

193,4 *Pastor Thomas:* Johann Thomas (1812–91), seit 1869 zweiter Geistlicher an der Nikolaikirche in Berlin.

194,3 *Souchon:* Johann George Souchon (1836–99), seit 1880 Prediger an der Sophienkirche in Berlin.

Fünfzehntes Kapitel

195,18 *Courage:* frz., Mut.

195,33 *Tiryns:* Burganlage nahe Nauplia in der griech. Landschaft Argolis.

195,35 *Zeus:* eine den griech. Gott darstellende Büste.

Nationalgalerie

196,20 f. *Codex argenteus:* lat., wörtlich ›silbernes Buch‹,
eine kostbare Pergamenthandschrift mit Bruchstücken der
Bibelübersetzung des westgotischen Bischofs Wulfila
(310–383 n. Chr.), heute in der Universitätsbibliothek
Uppsala. Ein weiteres Fragment mit den Versen 10 und
12–18 des Markus-Evangeliums, das an das Ende der
Handschrift anschließt, wurde 1971 in der St.-Afra-Ka-
pelle des Doms zu Speyer gefunden.

196,21 f. *immer kicherten:* wegen des Gleichklangs Codex –
Podex.

196,22 *Heliand:* Name einer vor 840 n. Chr. entstandenen
altsächs. Reimdichtung über das Leben Christi.
Beowulf: altengl. Epos über die Heldentaten des Königs
Beowulf, erhalten in einer Handschrift des 10. Jh.s.

196,30 *Protektion:* Förderung.

197,8 ›*Kenneth von Leoparden*‹: eine ›dunkle‹ und viell.
etwas gesuchte Verbindung eines altschott. Königsnamens
mit dem verballhornten Vornamen des jungen Treibel,
der hier offensichtlich gemeint ist.

197,24 *obligater:* unerläßlicher, unentbehrlicher.

197,27 *nicht alle ... wollte:* Anklang an eine Stelle in
Schillers »Kabale und Liebe« (1784), Lady Milford: Ich
laß alle Minen sprengen (II, 3).

198,35 *née:* frz., geborene.

199,23 *Geschichte von Heyse:* die Novelle »Unvergeßbare
Worte« (1883) von Paul Heyse (1830–1914), mit dem
Fontane befreundet war.

Sechzehntes Kapitel

201,21 f. *daß ... ›Vernunft wieder an zu sprechen fange‹:*
Anklang an Goethes »Faust« I, V. 1198 f.:
Vernunft fängt wieder an zu sprechen
Und Hoffnung wieder an zu blühn.

202,24 *weil wir alle des Ruhmes mangeln:* Hinweis auf einen der Bibelsprüche, auf die Corinnas Vater im folgenden Satz hinweist. (Vgl. Röm. 3,23: »...sie sind allzu-
mal Sünder und mangeln des Ruhmes.«)

202,27 ›*Werde, der du bist*‹: Zitat aus der 2. Pythischen
Ode (V. 71) des griech. Lyrikers Pindar (um 522–446
v. Chr.).

202,32 ›*Schritt vom Wege:*‹ Lustspiel (1872) von Ernst
Wichert (1831–1902), der von 1887 bis 1896 dem Berliner
Kammergericht angehörte. Andere Dichter, die am Kam-
mergericht wirkten, waren der Romantiker E. T. A. Hoff-
mann (1776–1822) und der Fontane-Freund Wilhelm von
Merckel (1803–61).

203,9 f. *Extraordinarius:* lat., Bezeichnung für den außeror-
dentlichen Universitätsprofessor, der dem Rang nach unter
dem ordentlichen Professor steht.

203,17 *Manchen gibt es der liebe Gott im Schlaf:* redens-
artliche Anspielung auf das Alte Testament, Psalm 127,2.

203,19 *schauderöse:* umgangssprachlich für schauderhaft.

204,10 *Summus Episcopus:* lat., oberster Bischof. Seit der
Reformation war in der evangelischen Kirche der prote-
stantische Landesherr zugleich oberster Kirchenfürst und
Landesbischof.

204,13 *Stoecker:* Adolf Stoecker (1835–1909), von 1874
bis 1890 Hofprediger in Berlin, Reichstagsmitglied und
Gründer der Christlich Sozialen Arbeiterpartei.

205,8 f. *Pleasure-Yacht:* engl., Vergnügungsjacht.

206,28 *im brandenburgischen Füsilier-Regiment Nr. 35:* im
Füsilier(= Infanterie-)regiment Prinz Heinrich von Preußen, stationiert in Brandenburg an der Havel.

207,16 »*nur keine langen Verlobungen*«: Fontane selbst war
6 Jahre – von 1845 bis 1850 – verlobt.

207,23 f. »*um dreimal von der Kanzel zu fallen*«: scherzhafte Anspielung auf das dreimalige kirchliche Aufgebot
der Brautleute.

207,30 *im Englischen Hause:* eines der Restaurants der Fir-
ma A. Huster. Vgl. Anm. zu 15,2.

208,3 *als Eckhaussohn:* als Sohn eines wohlhabenden Haus-
besitzers. Vgl. auch Fontanes Briefäußerung Kap. III, 2
(Erler) des vorliegenden Bandes.

208,5 *Echec:* frz., Niederlage.

208,5 f. »*er war der erste ... nicht sein*«: frei nach Goethe,
der selbst eine alte sprichwörtliche Redewendung auf-

greift. Vgl. dazu: »Sie ist die erste nicht« (Mephistopheles in »Faust« I, Trüber Tag. Feld).

208,25 *in pontificalibus:* lat., in geistlicher Amtstracht, hier
scherzhaft gebraucht svw. in großer Toilette.

208,37 *Kösen, Ahlbeck und Stolpemünde:* offensichtlich be-
vorzugte Urlaubsorte des Berliner bürgerlichen Mittel-
stands in Sachsen und an der Ostsee.

209,13 *wie den Goetheschen Sänger:* In der Goetheschen
Ballade »Der Sänger« (1783) weist dieser eine goldene
Kette zurück und bittet den König statt dessen um den
›besten Becher Weins‹.

209,17 *mit einem gewissen avec:* frz., hier svw. mit ele-
gantem Schwung, mit einem gewissen ›Etwas‹.

209,24 *England expects ... his duty:* Vgl. Anm. zu 34,27 f.

209,35 *»bis an das Grab der Julia«:* Verona, wo heute in
der Gruft des ›Chiostro di San Francesco‹ (Kloster des
Heiligen Franz) das Grab und ein Sarkophag als Sarg
Julias gezeigt werden, ist Schauplatz der Tragödie »Ro-
meo und Julia« (1591) von Shakespeare.

210,1 *Messenien:* Landschaft und Staat des Peloponnes, der
südl. Halbinsel Griechenlands.

210,2 *Taygetos:* Gebirge auf dem Peloponnes zwischen
Messenien und Lakonien.

210,3 *Aristomenes:* Messenier aus dem Herrschergeschlecht
der Aipytiden. Nach der herrschenden Überlieferung
Sohn der Nikoteleia und des Pyrrhos oder Nikomedes.
Führer des Aufstands der Messenier gegen die Spartaner
im sog. Dritten Messenischen Krieg (um 500 bis 490/489
v. Chr.).

210,15 f. *»Schatzkästlein deutscher Nation«:* ein erfundener
Titel, der wohl in Anlehnung an die Anekdotensamm-
lung Johann Peter Hebels (1760–1826) »Schatzkästlein
des Rheinischen Hausfreundes« (1811) oder Wilhelm
Spemanns (1844–1910) »Schatzkästlein des guten Rats«
(1887) gebildet wurde.

211,3 *carpe diem:* lat., nutze den Tag, geflügeltes Wort
aus den Oden des Horaz (I, 11,8).

211,7 f. *was du tun willst, tue bald:* eines der geflügelten
Worte der Bibel (Joh. 13,27).

211,20 ›*Mehr Licht*‹: angeblich die letzten Worte Goethes kurz vor seinem Tod.

212,14 *Bravissimo:* ital., höchste Steigerung von bravo.

212,21 *Trebbin:* Kleinstadt südl. von Berlin.

212,33 *pecus:* lat., Vieh, hier svw. Ochse.

II. Dokumente zur Entstehungsgeschichte

Die folgenden Zitate und Dokumente sind ausschließlich dem Kommentar von Gotthard Erler entnommen, der alle erreichbaren Quellen zu dem Roman ausgewertet und die bisher umfangreichste und beste Darstellung der Entstehungs- und Wirkungsgeschichte vorgelegt hat.

»Fontane soll den Stoff seines Romans der Frau des Justizrats Karl Kette verdanken, den er aus alten Tunnel-Tagen her kannte. Eine entsprechende Notiz, die Frau Kette als Informantin wahrscheinlich macht, fand Wolfgang E. Rost [S. 124] im heute verschollenen Manuskript. Wahrscheinlicher oder doch mindestens gleichwertig dürfte indessen eine andere Quelle sein, auf die Hans-Friedrich Rosenfeld in seiner Arbeit ›Zur Entstehung Fontanescher Romane‹ [S. 33 ff.] hingewiesen hat.
Fontane verkehrte Anfang der achtziger Jahre einige Zeit im Hause eines Berliner Großindustriellen in der Schlesischen Straße. Der Dichter brach die Verbindung bald wieder ab, erfuhr aber von seiner Schwester Jenny Sommerfeldt noch manches Detail über die Familie; Frau Sommerfeldt, deren Mann die in jenem Viertel gelegene Luisenstädtische Apotheke besaß, gehörte offenbar zum Freundeskreis des Kommerzienrats. Dieser, nach Rosenfelds Ermittlungen ein jovialer Herr, war mit einer energischen Frau verheiratet und hatte drei Söhne. ›Sie selbst war die Tochter eines Jugendfreundes ihres späteren Schwiegervaters; kleineren Verhältnissen entstammend, war sie viel im kommerzienrätlichen Hause und hatte schließlich gegen den Willen der Eltern den Erben des Hauses geheiratet.‹ Sie lebte in ständiger Fehde mit der Frau ihres ältesten Sohnes, die, ›wegen ihrer peinlichen Akkuratesse in Garderobenangelegenheiten schon in ihrer Jugend der Schrecken aller Gouvernanten‹, ihre jüngere Schwester mit ihrem Schwager verloben wollte und die Liaison auch durchsetzte.
Zugleich bot sich Fontane ein Gesellschaftsereignis aus der gleichen Gegend an, das Rosenfeld so schildert: ›In der Köpenicker Straße ... besaß eine Frau Päpken einen klei-

nen Gemüseladen, unter ihrer Obhut wuchs eine hübsche
Enkelin auf, die sie ,immer hübsch herauszuputzen wußte‘,
denn wie Jenny Bürstenbinders Mutter war sie allzeit ,für
das Feine‘; da auch das Mädchen selbst das Ihrige dazu tat,
so blieb der Erfolg nicht aus: einer der reichen Fabrikantensöhne der Nachbarschaft machte sie zu seiner Frau.‹
Fontane konnte also – wie so oft in seinen Romanen – die
wichtigsten Gestalten und Vorgänge ›nach dem Leben‹
zeichnen, und selbst für Nebenfiguren ließen sich zeitgenössische Vorbilder ermitteln. Die Damen Felgentreu hießen
in Wirklichkeit Felgentreff, und sie gehörten wie der singende Salonlöwe Adolar Krola alias Woworski zum cercle
intime des kommerzienrätlichen Hauses. Woworski (der in
einer frühen Niederschrift Fontanes noch den Namen Ruborwski trägt) hatte als Opernsänger ›eine dem kommerzienrätlichen Hause nahestehende Millionärstochter‹ geheiratet und pflegte als passionierter ›Dinergänger‹ eine bestimmte Liederfolge vorzutragen, darunter vor allem den
›Erlkönig‹. Auch die Villa Treibel, von der Schlesischen in
die Köpenicker Straße verlegt, soll nach Rosenfelds Ermittlungen genau nach dem Haus des Fabrikanten geschildert
sein. Den Stadtteil selbst kannte Fontane ebenfalls aus eigener Anschauung, denn er hatte lange Jahre in der benachbarten Alten Jakobstraße gewohnt.«

(Gotthard Erler in: Theodor Fontane, Romane und Erzählungen. Bd. 6 Unwiederbringlich, Frau Jenny Treibel. Berlin u. Weimar:
Aufbau-Verlag 1969. [Zitiert als Erler.]
S. 511 f.)

Diese Vertrautheit mit den lokalen Gegebenheiten ist für
den Realisten Fontane eine unabdingbare Voraussetzung im
Schaffensprozeß. Nicht minder wichtig werden daneben für
den Roman »Frau Jenny Treibel« Faktoren persönlich-
familiärer Art:

»Mit den unmittelbaren gesellschaftlichen und lokalen Anregungen verquickten sich Beobachtungen und Erfahrungen
aus der eigenen Familie. So stand zweifellos Martha Fontane (1860–1917) Modell für Corinna Schmidt. Mete, wie
die Tochter im vertraulichen Umgang genannt wurde, war

der ›Verzug‹ des Dichters. Er schätzte ihre lebhafte, geistreiche Art und begegnete ihrem sensiblen, mehr von nüchterner Überlegung als vom Gefühl geprägten Wesen mit liebevollem Verständnis. [... Aber] noch evidenter als bei Mete-Corinna erweisen sich die Beziehungen zwischen der Titelgestalt und der schon erwähnten Schwester des Dichters, die nicht zufällig auf den gleichen Vornamen hören. Jenny Sommerfeldt (1823–1904), die reich gewordene Apothekersfrau, repräsentierte für Fontane die Bourgeoisie, und er hat sie in den Briefen an seine Familie immer wieder so apostrophiert.«

(Erler, S. 512, 514)

Diese Briefe, sonst eine reiche Quelle zum Verständnis von Leben und Werk des Dichters, geben für »Frau Jenny Treibel« kaum einen Einblick in die Entstehung des Romans (vgl. dazu die in Kap. V, 2 angeführte Briefsammlung »Dichter über ihre Dichtungen«). Eine der wenigen Äußerungen und zugleich die erste direkte Aussage des Dichters über sein neues Buch findet sich in einem bisher nur auszugsweise veröffentlichten Brief an den Schriftsteller Paul Schlenther (1854–1916) vom 26. April 1888:

»An ›Stine‹ (so heißt die Novelle) bin ich noch nicht herangegangen, weil es mich so sehr drängt, *das* fertig zu schreiben, was ich jetzt gerade unter der Feder habe: ›Frau Kommerzienrätin oder Wo sich mein Herz zum Herzen findt‹, eine humoristische Verhöhnung unsrer Bourgeoisie mit ihrer Redensartlichkeit auf jedem Gebiet, besonders auf dem der Kunst und der Liebe, während sie doch nur einen Gott und ein Interesse kennen: das Goldene Kalb.«

(Erler, S. 517)

Über die ersten Konzeptionen berichtet Erler:

»Ohne Zweifel übernahm Fontane aus den Entwürfen zu ›Allerlei Glück‹, die etwa 1877/78 niedergeschrieben worden waren, auch Motive und Figuren. Als ausdrücklichen Hinweis darauf darf man wohl die Notiz ›Den Berliner Roman heraussuchen‹ werten, die sich auf dem Umschlag zum zwölften Kapitel des ›Mathilde-Möhring‹-Manuskripts findet (das übrigens auf zahlreichen Rückseiten weitere konzeptionelle Entwürfe enthält, die um so wertvoller sind, als das Manuskript von ›Frau Jenny Treibel‹ – früher im Märkischen Museum zu Berlin aufbewahrt – seit 1945 vermißt wird). Offenbar hat der Dichter den für ›Allerlei Glück‹ vorgesehenen Kreis der ›Sieben vor Theben‹ (›Alle diese bilden eine Kegelgesellschaft in Wilmersdorf oder Dahlem‹) in die um Wilibald Schmidt gescharten ›Sieben Waisen Griechenlands‹ verwandelt, und sicher hat dabei, zumindest in den ersten Überlegungen, das ›Rütli‹ Pate gestanden, jener im Dezember 1852 gegründete Kreis, den Fontane als ›Abzweigung des Tunnels‹ bezeichnete und der über 35 Jahre lang schlecht und recht zusammenhielt. Als unmittelbarer Reflex auf das Rütli darf wohl die in einer frühen Skizze zu ›Frau Jenny Treibel‹ genannte ›Versammlung der liter. Freunde‹ gelten: ›der Goethe- und der Dante-Geheimrat oder Personen aus andren Lebensstellungen. Im wesentlichen dreht sich das Gespräch aber über *moderne* Dichtung und Politik ...‹ Aufschlußreiche Parallelen ergeben sich nach ebenjenem Aufriß zwischen Professor Wilibald Schmidt (den Fontane überdies mit zahlreichen autobiographischen Zügen ausgestattet hat) und dem Dr. Heinrich Brose (›früher Apotheker‹), einer der Hauptgestalten von ›Allerlei Glück‹: Brose wird beispielsweise in einem besonderen Abschnitt als passionierter Besucher des Zoologischen Gartens, Schmidt als ›Tiergarten-Schwärmer‹ charakterisiert.«

(Erler, S. 518)

Über die hier aufgezeigten motivischen Beziehungen hinaus teilt Erler drei Entwürfe mit, die sich sämtlich auf den Rückseiten des bereits erwähnten »Mathilde Möhring«-Manuskripts finden und jeweils immer deutlicher die Konturen der Gestalten des Werkes erkennen lassen.
Entwurf 1, der offensichtlich die früheste überlieferte Skizze darstellt (S. 192 des Manuskripts):

> »*Die Frau Bourgeoise*
> oder
> ›Wo nur Herz und Seele spricht‹ [darüber: zum Herzen spricht]
> ›Ach wo Herz und Seele spricht‹

[Die Zeile ›Wo nur Herz ...‹ ist mit Bleistift markiert, dazu am Rande: Dies.]

Kommerzienrat Conradi. Indigohändler. Blutlaugensalz und Berliner-Blau-Fabrik. Orleansfabrik.

Kommerzienrätin Jenny Conradi, geb. Bürstenbinder

Die drei Söhne. Arthur gehört zum Stammgeschäft; Leopold zu Alfreds Geschäft gehörig.	Arthur, Associé, mit einer Hamburgerin verheiratet Alfred, Garnfabrik [darüber: Handlung mit Fernambuk- und Campecheholz], mit einer Bremenserin verheiratet Leopold, 1. Geschäftsführer bei Alfred

Dr. Willibald Schmidt, Literaturlehrer [mit Bleistift darüber: alter Grieche und deutsche Literatur, Romantiker], und zwei alte Schwestern von ihm. Dichter: Lyriker und Dramatiker. Epik ist ihm fremd; von der Kunst der Erzählung denkt er niedrig. Seine Tochter wurde so der ›Dramatikerin‹ zu Ehren getauft. Der *Groß*vater Schmidt und die Familie Bürstenbinder wohnten an der Friedrichsgracht und Adlerstraße oder Raules Hof.

Susanne, Haushälterin [dahinter mit Bleistift: Frau Schmolke, Haushälterin, eigentlich Köchin. Kurze Zeit an einen Schutzmann verheiratet gewesen.]

Dr. Marcel Wedderkopp, Hülfslehrer an einer höhren Mädchenschule.

Elise Schmidt.«

(Erler, S. 519, 522)

Entwurf 2 (S. 193 f. des Manuskripts):

»*Frau Kommerzienrätin*
oder
›Wo sich Herz zum Herzen findt‹

1. *Der alte Professor.* Er ist Mitglied der anthropologischen Gesellschaft. Schädelbildung. Kinnbacken. Ausgrabungen. Steingräber. Zimmerdekoration dementsprechend. Virchow. Bastian. Griechischer Lehrer an einem Gymnasium. Außerdem gibt er Literaturstunde (Romantiker, Schwärmer

für Just. Kerner, Mörike). Jeden Freitag eine Versammlung der liter. Freunde: der Goethe- und der Dante-Geheimrat oder Personen aus andren Lebensstellungen. Im wesentlichen dreht sich das Gespräch aber über *moderne* Dichtung und Politik und über Mitteilungen aus der anthropologischen Gesellschaft. All dies darf aber immer nur die *Einleitungen* oder die *Einschiebsel* bilden, weil die Geschichte sonst zu lang wird.

2. Der alte Professor ist auch Tiergarten-Schwärmer. Königin-Luisen-Denkmal am Sterbetage der Königin (10. ⟨?⟩ März), Rousseau-Insel, Corso, der Kaiser, der Seepark, die Schwäne, die Eichhörnchen, die Leiermänner, unter denen er ›ihm sympathische und unsympathische‹ unterschied; den einen gab er regelmäßig, die andren vermied er. Abends Königsplatz, Kroll, immer nur ›Zaungast‹, Musik, Lichterglanz von außen. Nie hinein. ›Dann ist der Zauber hin.‹

3. *Die Kommerzienrätin.* Gutmütig, aber dumm, unbedeutend, engherzig, menschenfreundlich, solang es nichts kostete oder keine großen Weiterungen hatte. Sie gab, aber sie scheute doch die Berührung mit der Armut. Armut war etwas, das man ängstlich vermeiden müsse, Armut war wohl zur Unterstützung da, aber nicht zur Berührung, zur Betätigung christlicher Nächstenliebe, aber nicht zu Heranziehung und Freundschaft.«

(Erler, S. 519)

Entwurf 3, der der endgültigen Fassung am nächsten kommt (S. 190 f. des Manuskripts):

»Kommerzienrat *Treibler*, Berlinerblaufabrik. Guter Mann, ganz Geschäft, etwas nüchtern, aber reell, eigentlich besser als seine Frau u. viel klüger. Köpnickerstraße ... Ecke der Ofengasse. Sehr elegante Wohnung. Nach hinten zu die Fabrikgebäude. Mann von 60.
Kommerzienrätin *Treibler* (Jenny), geb. Bürstenbinder. Frau von 55. Kaufmannstochter aus der Adlerstraße.
Otto *Treibler*, Mann von 32, gut, wie der Alte; Geschäftsmann; Handlung mit Fernambuk- und Campecheholz. Wohnt am entgegengesetzten Ende der Köpnickerstraße, dicht am Schlesischen Tor.

Ludmilla *Treibler*, geb. Sandman, Bremenserin, vorgeblich von englischer Abstammung, 27, hübsch, hanseatisch, international, antiberlinisch, etwas vornehmtuerisch, geldstolz.
Leopold *Treibler*, jüngerer Bruder von Otto, bei Otto als Buchhalter im Geschäft. 25 Jahr alt. Guter Kerl, aber schwach und ganz abhängig von der Mutter. Anbeter von Frl. Schmidt. Wohnt im elterlichen Hause, ist aber beim Bruder im Geschäft. ›Bei den Eltern erholte er sich von dem Bruder und bei dem Bruder von seinen Eltern.‹
Professor Dr. *Willibald Schmidt*, Oberlehrer am Gymnasium [darüber: Ordinarius in Obersekunda] (Kölnisches). Guter Grieche, Archäologe, Schliemann, Mykenä. Zugleich: deutsche Literatur; Romantiker. Für Griechenland und deutsche Romantik (Gotik etc.) *gleich* eingenommen. Prächtiger Kerl. Seit 12 Jahren Witwer. Original. Alter Freund und Liebhaber von Jenny Bürstenbinder, jetzt Kommerzienrätin Treibler. 60 Jahr. Wohnt in der Adlerstraße, gegenüber dem Hause, drin das Bürstenbindersche Geschäft war.
Corinna *Schmidt*, des Professors Tochter. Einziges Kind. 23 Jahr. Pikant, frei, klug, Vaters Tochter. Pendelt zwischen Leopold Tr. und Marcel Wedderkopp hin und her.
Frau *Schmolke*, Haushälterin (eigentlich Köchin), kurze Zeit an einen Schutzmann verheiratet, dann, nach dem Tode von Prof. Schmidts Frau, als Pflegerin etc. ins Schmidtsche Haus gekommen. Gute Person.
Dr. *Marcel Wedderkopp*, Literaturgeschichts- und Geographielehrer an einer höhern Mädchenschule. 28 Jahr alt. Reizender junger Kerl; Anbeter von Corinna. Wohnt in Raules Hof.«

                                                    (Erler, S. 522, 524)

Über die weiteren Stationen auf dem Wege zum Roman berichtet Erler unter Heranziehung eines Briefes, der eine wesentliche Aussage des Dichters über seinen Roman enthält:

»Wann der Arbeitsbeginn zu datieren ist, bleibt ungewiß, da weder Tagebuch noch Briefe darüber Aufschluß geben. Wahrscheinlich sind die ersten Aufzeichnungen im Winter 1887/88 anzusetzen, parallel mit dem Abschluß des Brouillons von ›Unwiederbringlich‹ (23. Dezember 1887), und die Ausarbeitung der ersten Fassung von ›Frau Jenny Treibel‹ oder – wie der Roman in dieser Phase noch hieß – der ›Frau Kommerzienrätin‹ wird im Januar/Februar 1888 begonnen haben. Als der Dichter am 26. April 1888 in dem bereits zitierten Brief an Schlenther sein neues Buch erstmals erwähnt, muß das Manuskript schon weit gediehen gewesen sein. Er fügte nämlich hinzu: ›. . . etwa am 10. Mai bin ich mit dieser neuen Arbeit fertig . . .‹ Am 9. Mai teilte er denn auch seinem Sohn Theodor mit: ›Schon längst hätte ich Dir mal wieder geschrieben, wenn ich nicht, und zwar mit immer steigendem Eifer, mit der Zuendeführung meines neuen Romans beschäftigt gewesen wäre. Nun ist er, im Brouillon fertig, vorläufig beiseite geschoben. Titel: ‚Frau Kommerzienrätin oder Wo sich Herz zum Herzen findt‘. Dies ist die Schlußzeile eines sentimentalen Lieblingsliedes, das die 50jährige Kommerzienrätin im engeren Zirkel beständig singt und sich dadurch Anspruch auf das ‚Höhere‘ erwirbt, während ihr in Wahrheit nur das Kommerzienrätliche, will sagen viel Geld, das ‚Höhere‘ bedeutet. Zweck der Geschichte: das Hohle, Phrasenhafte, Lügnerische, Hochmütige, Hartherzige des Bourgeoisstandpunkts zu zeigen, der von Schiller spricht und Gerson meint. Ich schließe mit dieser Geschichte den Zyklus meiner Berliner Romane ab . . .‹«

(Erler, S. 524)

Das Jahr 1888 bringt jedoch nicht den Abschluß und die Drucklegung des Werkes. Aus noch nicht geklärten Gründen befaßt sich Fontane erst im Frühjahr 1891 wieder mit dem Roman, im Laufe dieses Jahres abgeschlossen und im Herbst 1891 von Julius Rodenberg, dem Herausgeber der »Deutschen Rundschau«, mit einigen Änderungswünschen zum Vorabdruck angenommen wird:

»Rodenberg hatte seine Einwände schriftlich fixiert. Leider haben sich diese Notizen, die Fontane zusammen mit dem überarbeiteten Manuskript am 23. November 1891 an Rodenberg zurücksandte, nicht erhalten, so daß sich über Art und Umfang der gewünschten Änderungen nichts sagen läßt. Fontane versicherte freilich, daß er die ›Korrekturen und Striche‹ nicht ›unter Schmerz, sondern mit Vergnügen‹

gemacht habe, ja, er äußerte in einem zweiten Brief vom
23. November sogar, daß ihm Rodenbergs Vorschläge ›immer einleuchtender‹ geworden seien. ›Selbst hinsichtlich der
‚Sitte‘ bin ich erschüttert. Sicherlich entspricht die frühere
Fassung mehr der Ausdrucksweise der Schmolke, aber darin
liegt doch noch nicht die Rechtfertigung, und ich räume ein,
daß diesem ewigen Operieren mit Sitte und wieder Sitte,
mal als Moral- und mal als Lokalbezeichnung, etwas Kom-
mißhaftes anklebt. – Nur ob Droschkenpferde aus Seideln
trinken können, diese Frage ist noch offen, weil ich in der
Eile keinen Sportsman auftreiben könnte.‹ In den nächsten
Tagen einigte sich Fontane mit Rodenberg auch über den
Titel. Im ersten Entwurf (vgl. S. 519) war ›Die Frau Bourgeoise oder ‚Wo nur Herz zum Herzen spricht‘‹ vorgesehen,
spätere Fassungen lauteten ›Frau Kommerzienrätin oder
‚Wo sich Herz zum Herzen findt‘‹, und am 24. November
schlug der Dichter Rodenberg vor: ›*Frau Jenny Treibel*
oder ‚Wo sich Herz zum Herzen findt‘‹. Er fügte hinzu:
›Frau u. Tochter ... finden ‚Frau Kommerzienrat Treibel‘
besser und sind für Fortfall des zweiten Titels. Ich weiß
nicht, ob sie recht haben.‹ Rodenberg entschied sich für
›Frau Jenny Treibel‹ und den Doppeltitel, und der Dichter
erklärte sich am 25. November einverstanden.«

(Erler, S. 526)

III. Dokumente zur Wirkungsgeschichte

1. Die zeitgenössische Kritik

Der Roman »Frau Jenny Treibel« fand in der zeitgenössischen literarischen Kritik eine überwiegend positive Aufnahme, die durch vereinzelte kritische Vorbehalte etwa gegenüber der Sprachgestaltung und gegenüber einzelnen Romanfiguren nuanciert wird. Die teilweise umfangreichen Zeitungs- und Zeitschriftenrezensionen der Jahre 1892/93 stellen durch zumeist ausführliche Inhaltswiedergaben den gesellschaftskritischen Charakter des Werkes heraus, betonen die humorvoll-ironische Darstellung und weisen darauf hin, daß es sich um einen typischen Berliner Roman mit einer Fülle lebensechter Gestalten handelt, wie ihn in dieser Zeit nur Fontane schreiben konnte. Es wird damit auf Grundelemente des Werkes hingewiesen, auf die die spätere Forschungsliteratur immer wieder eingehen sollte.

»Das Leben und Treiben gewisser Bourgeoiskreise in Berlin hat sich Fontane im neuesten Erzeugnisse seiner Muse, man könnte fast sagen, zur Zielscheibe seiner humoristisch-satirischen Behandlung gewählt und das Leben einer in den Mitteln beschränkten, aber durch ideale und gemüthvolle Lebensanschauung gediegenen Gymnasialoberlehrerfamilie als Gegenstück hingestellt. Beim reichen Fabrikbesitzer Treibel führt die Frau, eine Gewürzkrämertochter, das Regiment; ihren älteren Sohn hat sie mit einer reichen Hamburgerin verheirathet, die es ihr in der jüngeren Generationsstufe nachthut, aber gerade wegen dieser ihrer Selbständigkeit und außerdem wegen ihres Hamburgerthums nicht angenehm ist; sie mag deshalb auch die Schwester der Schwiegertochter, die diese gern bei dem jüngeren Sohn anbringen möchte, nicht zu Besuch einladen. Als aber jener, obwohl die Mama ihn bisher stets am Gängelbande geführt und in ihm jeden eigenen Willen im Keime erstickt hat, sich hinter ihrem Rücken mit der geist- und lebensprühenden Tochter eines Professors von einem berliner Gymnasium zu verloben gewagt hat, donnert sie ihr Veto gegen

den Unglücklichen, nachdem sie kurz vorher noch ihm eben
jenes Mädchen herausgestrichen hatte als ein wahres Muster
gegenüber der hamburgischen jungen Dame, und läßt nun
diese sofort kommen, um sie ihrem Sohne anzuverloben.
Dieser hat wohl täglich seiner Braut feurige Billets geschrieben, aber nicht gewagt, zu ihr zu gehen. Zum Glück bricht
ihr Herz darüber nicht; denn die Verlobung war von ihrer
Seite nur eine Art Streich, um ihren Vetter und Liebeswer-
ber, einen jungen Archäologen, der nicht die rechte Gelegenheit und den rechten Muth fand, sich zu erklären, zum
Entschluß zu treiben oder, wenn, was kaum zu erwarten
stand, der Bräutigam standhaft blieb, sich jenem zum Trotz
unter die Haube zu bringen. Leider ist der Streich so aben-
teuerlich, daß das Interesse, das wir für sie, die eigentliche
Heldin, empfinden, ganz erheblich abgeschwächt wird, und
wenn das Ganze mit der Hochzeit der Professortochter mit
dem jungen Gelehrten, bei der auch charakteristischerweise
die Familie Treibel mit Ausnahme des abgesetzten Bräuti-
gams erscheint, und mit der Aussicht auf die Hochzeit
dieses letzteren mit der Hamburgerin schließt, so kann das
den Leser nicht über das Gefühl der Beklemmung darüber
weghelfen, daß die resolute junge Dame mit der Verlobung
ein leichtfertiges Spiel getrieben hat. Wir können uns nicht
denken, daß Fontane eine derartige Gesinnung als typisch
bei Oberlehrerstöchtern voraussetzt. Davon abgesehen sind
die Charakterbilder der Personen ebenso wie die Lebens-
bilder, die er von dem Bourgeois- wie von dem Schulge-
lehrtenkreise entwirft, wahre Cabinetstücke von Lebenswahrheit und humoristischer Darstellung.«

(H. Fechner: Neue Romane und Novellen. In:
Schlesische Zeitung 1892, Nr. 85)

»Dieser neueste Roman Theodor Fontanes aus der Serie
moderner Berliner Sittenschilderungen, zuerst in der ›Deutschen Rundschau‹ abgedruckt, erfreute sich schon damals
eines bedeutenden Erfolges. Nun liegt der Roman als Buch
vor und erhöht in dieser geschlossenen Form noch die große
Wirkung. Aus allen Personen spricht Leben, Gesundheit,
Blut. Was sind das für Figuren, die uns Fontane hinstellt:
dieser Professor Schmidt, Corinna, die Familie Treibel

sammt ihrer Coterie und vor Allem diese Cabinetsstudie: die alte Schmolke. Die christliche Alte im Genre der Frau Dörr (›Irrungen Wirrungen‹) übertrifft dieselbe durch die ganz besonders liebevolle Behandlung des Dichters und die Fülle von Humor und Gemüth, mit der er sie ausstattet. Fontane, dessen ›Kriegsgefangen‹ soeben ins Französische übersetzt und durch spaltenlange Artikel in den ersten Pariser Zeitungen gefeiert wurde, wird durch ›Frau Jenny Treibel‹ zweifelsohne um einen Erfolg reicher.«

(Hannoverscher Courier vom 1. Dezember 1892)

»›Frau Jenny Treibel‹ heißt die neueste Gabe, die Theodor Fontane der deutschen Erzählungskunst durch den Verlag von F. Fontane in Berlin schenkt. Vor zwei Jahrzehnten würden die Kritiker unter Hinweis auf Lessings ›Laokoon‹ ausgesprochen haben, dieser Roman Fontanes sei technisch gänzlich verfehlt, denn er setze die Schilderung an die Stelle der Handlung, der Entwicklung. Die Handlung ist nämlich in diesem Werke höchst unbedeutend, so alltäglich einfach, daß nicht einmal eine Thräne fließt, ohne jedes schwierigere psychologische Problem, wie man es sonst doch bei Fontane fand, ohne jede Erregung, ohne jede Tendenz, nichts als ein ganz kleiner, sehr alltäglicher Vorwand, daran eine eingehende Charakterzeichnung des Berliner Bürgertums höherer Steuerstufe zu knüpfen. [...] Wir hätten in der That selber Bedenken gegen die Art, wie Fontane diese unbedeutende Familiengeschichte auf 336 Seiten vornehmlich mit Gesprächen ausspinnt, wenn es sich nicht trotz allem um einen der besten humoristischen Romane unserer modernen Literatur, um ein entzückendes Meisterstück eines Berliner Sittenbildes voll saftiger Lebenskraft handelte. Ein Schmunzeln weltkluger Schelmerei, das da und dort zu einem verhaltenen Kichern wird, liegt über dem ganzen Buche. Das Behagen des Genusses wird erhöht durch das Gefühl der innern Wahrhaftigkeit, der realistischen Echtheit dieser humoristischen Welt, das jeder nur ein bißchen des Berlinertums Kundiger genau kennt. Der Vergleich mit der berühmten Stindeschen Buchholz-Schöpfung[1] liegt nahe. Fon-

---

1. Julius Stinde (1841–1905) schrieb von 1883 bis 1896 mehrere Romane und Erzählungen um die Berliner Kleinbürgerfamilie Buchholz.

tanes Werk verhält sich dazu wie ein geistreiches Lustspiel zur volkstümlich komischen Posse. Es steht künstlerisch und geistig weit höher und verdient daher mindestens denselben Erfolg im Publicum.«

(Kölnische Zeitung vom 3. Dezember 1892)

»›Frau Jenny Treibel‹ von Theodor Fontane [...] ist eine Charakter- und Gesellschaftsstudie ersten Ranges. Ihr Hauptreiz beruht nicht in den wenig komplizierten Verhältnissen und den sich einfach, ohne alle Intrigue und stärkere Spannung entwickelnden Vorgängen der Geschichte, sondern in dem feinen Duft der Satire, der über ihre Gestalten und Scenen ausgebreitet liegt. Das ist der echte Humor des Menschenkenners, Menschenverächters und – Menschenfreundes, und was der letztere aus seiner reichen Weisheit heraus Mildes und Ausgleichendes zu sagen hat, das überwiegt und gilt und giebt dem Buch ein lachendes Auge und ein warmes Herz. Nichts wäre irriger, als den heitern Altmeister der realistischen Erzählungskunst mit den bleichsüchtigen Schwarzmalern des Naturalismus zu verwechseln, die sich zudringlich an seine Schöße hängen möchten. ›Frau Jenny Treibel‹ ist ein mit attischem Salze gewürzter Protest gegen das Protzentum in der großstädtischen Bourgeoisie, welche in der Titelheldin, einer aus ihrem ehrbaren väterlichen Gewürzkrämerladen zum ›Höheren‹ emporgestiegenen würdigen Kommerzienrätin, ganz köstlich verkörpert wird.«

(Königsberger Hartungsche Zeitung vom 6. Dezember 1892)

»Aber, Herr Theodor Fontane, das ist doch kein Roman! [...] Ich würde es [das Buch] ein entzückendes Lustspiel nennen, wenn es die gewöhnlichen Eigenschaften deutschen Lustspiels besäße: Feuilletonwitz und Unwahrheit. Aber es hat nicht Witz, dessen Wirkung von künstlicher Beleuchtung und einseitiger Betrachtung bedingt ist. Es hat nur Humor, der unter heiterem Tageslicht von allen Seiten sieht. Und es ist ganz wahr, ganz einfach. Die Tochter des Professors verlobt sich mit dem Sohne der Kommerzienräthin; die Verlobung wird wieder gelöst und die Professorstochter heirathet den Mann, der zu ihr gehört. Das ist, neben der Schilderung anderer sehr gewöhnlicher Dinge und Menschen, der Inhalt. Das wird berichtet in Ihrem eigenen Stile, in jenem Gesprochenen, das nur zufällig, etwa von einem eifrigen Hörer, aufgeschrieben zu sein scheint.«

(Max Bernstein in: Die Nation vom 19. November 1892)

»Sieht man zu, was den Handlungskern dieses neuesten Romans ausmacht, so ist es wiederum kaum ein knapper Novellenstoff. [...] Weniger an Handlung und Entwicklung kann man eigentlich nicht wohl verlangen; und genau genommen ist denn auch dieser schlichte und doch in seinem psychologischen Theile so ungemein lebenswahre Vorgang fast Nebensache, ist er nur das Gestell, über dem der große Künstler intimer Menschenbeobachtung sein Lebensbild in überraschender Naturtreue ausformt und modellirt. Es ist charakteristisch für Fontane, daß in dem ganzen Verlaufe seiner Erzählung das gesprochene Wort weitaus vorherrscht. Er liebt es, seine Menschen viel und zwanglos reden zu lassen, und wie unnachahmlich versteht er es, sie uns durch dieses einfachste und natürlichste Kunstmittel nahe zu bringen und greifbar vor uns erstehen zu lassen! [...]

Doch dem vielen Lichte entspricht freilich auch mancher Schatten, und wo die eine Fähigkeit in so bevorzugtem Maße entwickelt ist, muß eine andere nothwendig darunter leiden. Es fehlt vor allem an einem richtigen Mittelpunkt, um den sich das ganze, genial entworfene Gefüge concentrirt; denn Corinna ist es nicht und noch weniger Frau Jenny Treibel, die, man weiß wirklich nicht warum, dem Roman seinen Titel geben mußte; eher könnte noch der treffliche Commercienrath, ihr Gatte, dafür gelten, der mit seiner ergötzlich geschweiften Redeweise und witzigen Bonhommie zumeist im Vordergrunde steht. Die Personen sind wohl alle fein und leicht und mit Meisterhand skizzirt, aber doch eben alle nur skizzirt, und in dieser fast gleichmäßigen Behandlung fehlt die künstlerische Perspective, fehlt das tiefere Eingehen wenigstens auf einen der Hauptcharaktere. Auch die Sprache ist bei aller natürlich freien Sicherheit des Ausdrucks allzusehr mit eigenen oder dialektischen Bildungen durchsetzt, was nicht immer ganz frei von Manier erscheint.«

(Joseph Ettlinger in: Allgemeine Zeitung vom 4. Juli 1892)

»Eine mild-ironische Weltbetrachtung, das gereifte Resultat eines wolgeführten Lebens, liegt [...] über dem ganzen Buch als Abglanz echter Lebensweisheit. Es wird nicht gelobt und nicht getadelt, Menschen und Dinge gehen an uns vorüber, so gut und so schlecht, wie sie eben sind, und so hat alles in sich seine Berechtigung, mag es auch vom andern bitter befehdet und angefeindet werden. So ist denn auch niemand eigentlich die Hauptperson, was gerade darin, daß Frau Jenny Titelheldin wurde, seinen schlagenden Ausdruck fand. Wer als Mensch in diese Geschichte Zutritt erhielt, der ist ohne weiteres den anderen gleichwertig und wenn er auch nur hier und da etwas zu sagen hat, wie Herr Turnlehrer Friedeberg oder Herr Kriminalassessor Goldammer, oder wenn er auch mit Vorliebe eine grotesk-bedenkliche Figur spielt, wie der Wahlagitator Lieutenant a. D. Vogelsang, der Erfinder der ›Royaldemokratie‹, er ist doch nicht eine Puppe oder eine Visitenkarte, sondern er tritt uns entgegen mit seinen bestimmten Lebensinteressen und seiner ganz persönlichen Art zu empfinden und zu reagiren. [...]
Mag [...] auch hier und da etwas altmodisch klingen, mag die Reproduktion nicht überall pedantisch korrekt sein, mag das Ganze den großen Lebensfragen geflissentlich aus dem Wege gehen oder sie mit höchst unfeierlicher Leichtigkeit behandeln – hat man sich in diese Fantasie- und Lebenswelt hinein versenkt, dann fühlt man es warm und hell in sich werden, ein Gefühl wie Liebe, Liebe zur Welt und Liebe vor allem zu einem gewissen prächtigen, alten Herrn in sich heraufdämmern. ›Nichts feierlich nehmen!‹ Man hat es oft Fontane nachgesprochen, und in der Tat giebt es kein Wort, das ihn besser charakterisirt.«

(Max Haese: Noch einmal der alte Fontane. In: Das Magazin für Litteratur 61, 1892, S. 809 ff.)

»Th. Fontane ist von seinem Abstecher nach Dänemark[2] wieder zurückgekehrt und führt uns mit seinem neuesten Roman: ›Frau Jenny Treibel‹ [...] wieder in die berliner Gesellschaft. Es ist ein erfreulicheres Bild, als die in den frühern Romanen des Dichters entrollten; die schwüle Sumpfluft, die uns in ›Stine‹, ›Irrungen Wirrungen‹ umwehte, ist gewichen und mit vollem Behagen können wir uns dem Genusse der meisterhaften Schilderungen Fontane's hingeben. Es ist eine höchst einfache Geschichte, die uns vorgeführt wird [...], und doch empfinden wir keinen Augenblick Langeweile, denn der Dichter hat die Geschichte fast verschwenderisch ausgestattet mit einer Fülle prächtiger Charaktere.«

(Robert Lange: Neue Romane. In: Blätter für
literarische Unterhaltung 1, 1892, S. 808 f.)

»Frau Jenny Treibel oder Wo sich Herz zum Herzen find't, der Roman, den Theodor Fontane zu diesen Weihnachten im Verlage seines jüngsten Sohnes hat erscheinen lassen, ist mehr als irgend ein früherer satirischer Charakters, und es versteht sich von selbst, daß, wo Fontane satirisch wird, keine Galle, keine Lauge verspritzt wird, sondern der gute Humor sein Spießgeselle ist. Diesmal ist der Humor nun ganz besonders gut gerathen und könnte helfen, daß diejenigen, gegen die sich die Satire richtet, nicht allzu schwer bluten. Aber freilich richtet sich die Satire gegen eine breite Mittelschicht, der nicht die Schicksalsgnade gegeben ist, sich über einen feinen Spott auch dann noch zu freuen, wenn er gegen sie selbst geht. Die Satire richtet sich auf gewisse Eigenheiten unsrer modernen großstädtischen Bourgeoisie.«

(Paul Schlenther: Theodor Fontanes neuer Ro-
man. In: Vossische Zeitung vom 27. November
1892)

»Was geschieht eigentlich in dieser Erzählung? Für einen, der vom Romane nach Tantenweise vor allem ordentliche Handlung verlangt, ganz unglaublich wenig, und das wenige bedeutet wieder in der Hauptsache nur, daß etwas, was zu

---

2. Gemeint ist der auf dänischen Schauplätzen spielende Roman »Unwiederbringlich« (1891). Reclams UB Nr. 9320 [4].

geschehen scheint, doch *nicht* geschieht, will sagen, daß aus
der Verlobung der Professorstochter Corinna Schmidt
mit dem Kommerzienratssohne Leopold Treibel nichts
wird. [...]

Fontane ›fehlt der Sinn für Feierlichkeit‹. Die alte Treibel
wie die pikante Kopfverdreherin Corinna und jener Herr
oder jene Dame aus dieser Gesellschaft da sonst noch – nur
eine kleine Wendung des Lichtes nach rechts oder links, und
die Beleuchtung hätte sie grell satirisch oder auch finster
traurig gezeigt. Nichts davon; der Poet hat es aufgegeben,
scheint's, sich da auch nur aufzuregen, wo er doch nicht
bessern und bekehren kann; er nimmt die Leute, wie sie
sind, und grämt sich nicht viel darüber, daß es bei den
Menschen menschelt. Der Grundton des Buchs ist so der
überaus feine Humor des weisen Alten, nicht Witz, nicht
Satire, sondern Humor, allerdings Humor, zu dem die
Wehmut eine weit kleinere Zuthat gegeben hat, als die
Heiterkeit darüber, wie drollig doch das ernste Leben ist,
wie zum behaglichen Ausgelachtwerden drollig.

Fontanes Schreibweise kennt man. Ein ganz klein wenig
macht sich ja doch wohl das Älterwerden jetzt bemerkbar
in gelegentlich etwas manieristisch anmutendem Ausschraf-
firen nebensächlicher Bildstellen. Sonst ist sie sich gleich
geblieben. Immer das Ziel im Auge, aber doch gemächlich
ausruhend, wo das erfreulich ist, Eile mit Weile. Charakteristik zu neun Zehnteilen durch das, was die Leute selber
sagen; wo, ausnahmsweise, ein Dreinreden des Verfassers
geschieht, nur ein paar aber scharf wie Schlagschatten tref-
fende Worte. Das hat Fontane jetzt mit Ibsen gemein: daß
sich seine Gestalten nicht gleich in der Exposition ganz
klar hinstellen. Zuerst umgiebt sie etwas wie ein Nebel,
aus dem treten sie immer mehr auf uns zu und schließlich
stehen sie uns so nahe, daß wir sie fast fühlen.«

(Der Kunstwart 6, 1892/93, S. 116 f.)

»Das Berliner Bürgertum, das alteingesessene, konsolidierte,
in ehrlicher Arbeit wohlhabend gewordene, – die alte Abon-
nentengarde der Vossischen Zeitung, – schildert Theodor
Fontane in seinem Roman: ›Frau Jenny Treibel‹ [...].
Theodor Fontane nennt seine Frau Jenny Treibel an einer

Stelle des Romans den Typus einer echten Bourgeoise. Eine typische Figur ist eine Durchschnittsfigur, nicht über und nicht unter dem Durchschnittsmaß. Es gibt in Berlin gewiß viele Damen dieser Gesellschaftskreise, die Frau Jenny Treibel um Hauptes Länge überragen, aber gewiß auch ebensoviele, die sich mit ihr nicht messen können, denn im Grunde ist und bleibt sie eine Frau, die dem Leser Achtung abnötigt. [...]

Um alle Feinheiten des Fontaneschen Romans voll genießen zu können – diese bewundernswerte Kunst der Menschenschilderung – muß man eigentlich mit Spreewasser getauft sein oder doch viele Jahre in Berlin gelebt haben. Nur dann kann man, glaube ich, seine rechte Freude an dieser Darstellung haben, die manchem Leser, der den der Charakteristik dienenden Einzelstrich nicht zu kontrollieren vermag, vielleicht hier und da breit erscheint. Der mit den Verhältnissen Vertraute aber hat eine wahre Herzensfreude an der Lebenswahrheit dieser Figuren, an denen Zug um Zug den großen Menschenkenner verrät. Nur in einer Nebenfigur hat sich Fontane, glaube ich, vergriffen, in dem Leutnant Vogelsang, der die Wahlgeschäfte des Kommerzienrats Treibel besorgt. Das ist eine Figur, in sich zwar ebenso geschlossen wie die anderen, aber sie stammt nicht aus derselben Zeit, wie die andern. Sie ist typisch für die fünfziger und die erste Hälfte der sechziger Jahre [...] aber nicht für die achtziger Jahre. [...] Zu diesem chronologischen Irrtum mag Fontane dadurch verführt sein, daß er der sogenannten Berliner Bewegung, die er in seinen Roman hineinspielen läßt, nicht sympathisch gegenübersteht.«

(Paul von Szczepanski: Neues vom Büchertisch. In: Velhagen & Klasings Monatshefte 1, 1892/93, S. 682 ff.)

»Die neueste Schöpfung (oder sollen wir sagen Arbeit?) des greisen Theodor Fontane [...] ist nach jeder Richtung hin ein Buch, des Lesens, des Nachdenkens und der Erörterung wert, ein Roman, der, was Schärfe des Blicks, Fülle der Beobachtung, Reife des Urteils, Mannichfaltigkeit des gespiegelten Lebens anlangt, wohl ein Meisterwerk genannt zu werden verdient, ein Lebensbild, dessen Treue nicht in

Zweifel gezogen werden kann, wie es auch um seine poetische Wirkung stehen mag. [...]
Die Meisterschaft Fontanes bewährt sich vor allem darin, wie er in diesen leichtgeschnitzten und einfachen Rahmen zwanglos eine Reihe von Gestalten hineingestellt hat, die fast alle Typen der mittlern Berliner Gesellschaft sind, alle mit großer Liebe und dabei doch mit einem Anflug von leiser und milder Ironie behandelt erscheinen. Frau Jenny Treibel allerdings fordert mit ihrer Herzenskälte, ihrem tief im Blute liegenden Protzentum und ihrer Selbstbelügung zur stärksten Satire heraus, allen übrigen Gestalten kommt ein gewisser Humor und die Billigkeit geistesreifer und lebensfrischer Altersanschauung zu gute. [...] Und die Atmosphäre, in und aus der sie leben, wird mit wenigen sichern Strichen vor uns hingezaubert. Die Beobachtungsfülle und das Gruppirungstalent des Schriftstellers reichen sich die Hand, um ein scheinbar ganz absichtsloses Gebilde herzustellen, dessen Wirkung unbedingt gesichert ist.
Freilich läßt sich nicht verkennen, daß diese Wirkung eine doppelte, grundverschiedne sein kann. Denn der Gesamteindruck von ›Frau Jenny Treibel‹ ist doch der einer Gesellschaft ohne Ideale, ohne Glauben, ohne tiefreichende Überzeugungen, die Philologen mit ihren Gesprächen über Schliemann und Mykenä, mit ihren Schulerinnerungen, ihren litterarischen Plaudereien sind die einzigen in ihr, die wirklich geistige über die Alltäglichkeit und den augenblicklichen Genuß hinausreichende Interessen haben. [...]
Die aufflackirten Nichtigkeiten, mit denen die meisten Menschen der hier gespiegelten Kreise ihre Tage verbringen, der Mangel an größern Gesinnungen und Zielen – wären es immerhin nur rein weltliche Ziele –, die seltsame Mischung von innerer Kälte und boshafter Nachrede über den Nächsten mit einem Restchen Gutmütigkeit wirkt auch in der halb ironischen, halb teilnehmenden Wiedergabe Fontanes nicht eben erquicklich.«

(Adolf Stern in: Die Grenzboten 52, 1893,
S. 340 ff.)

»Fontane ist der Zeit nach der erste gewesen, der sich im Berliner Roman im eigentlichen Sinne des Wortes versucht hat, und ist dem Range nach der Erste geblieben, soviele Nachahmer sich mittlerweile auch um ihn geschaart haben. [...]

›Berlinisch‹ und humoristisch – das sind die charakteristischen Kennzeichen in Fontanes neuem Buch, und man könnte als drittes höchstens noch ›echt fontanisch‹ hinzufügen, da ja Fontane nun einmal seine bestimmte eigentümliche Art hat, die bald stärker und bald schwächer in allen seinen schriftstellerischen Veröffentlichungen immer wieder zum Durchbruch gelangt.

[...] In keinem seiner früheren Werke findet sich seine humoristisch überlegene Darstellungskunst auf einer gleichen Höhe, wie in Frau Jenny Treibel. [...] Nicht einzelne humoristische Streiflichter machen diesen Roman zu einem humoristischen, sondern seine Grundstimmung stempelt ihn dazu; durch alle Kapitel weht ein Zug von Schalkheit, leiser Ironie, gutmütiger Spott und versöhnlichster Menschenliebe; das eben führt die Gesundheit und Lebenskräftigkeit der Gestalten herbei und bewirkt ferner, daß wir an *allen* uns in dem Werke gezeichneten Personen Anteil nehmen, da ja auf sie *alle* ein Reflex jener humoristischen Grundstimmung zurückfällt. [...]

Diese Jenny, dieser Treibel mit seinem unverwüstlichen Bourgeoistum, das ihn antreibt, sich in die politische Karriere zu begeben, obwohl er eigentlich nur beim Zeitunglesen Politiker ist, das ihn nach äußeren Ehrenzeichen und dem ›Geheimen‹ trachten macht, dieser Schmidt und seine Tochter Corinna mit ihren gescheiten Einfällen und mit ihrer ganz im Berliner Stiele gehaltenen bürgerlichen Haushaltung, diese Schmolke mit ihren Geschichten von Berliner Predigern und Berliner Polizeiangelegenheiten, – sie, und sie nicht allein, sind eben ›Berliner Leute‹. Und nun, indem sie, die Erzberliner, durch Berliner Straßen wandern und von Berliner Zuständen plaudern, glauben wir naturgemäß auch daran, daß wir uns in Berlin befinden! Hier ist es gelungen, Schilderung Berliner Menschen und Schilderung Berlins überhaupt in eins zu verschmelzen.«

(Walter Paetow: Kritische Rundschau über Leben und Kampf der Zeit. In: Freie Bühne für den Entwickelungskampf der Zeit 4, 1893, S. 110 ff.)

2. Die Forschungsliteratur

Bei der Auswahl der folgenden Dokumente wurden sowohl spezielle Untersuchungen der Fontane-Forschung als auch allgemeine literaturhistorische Darstellungen und die Kommentare verschiedener Fontane-Ausgaben berücksichtigt. Die Texte werden in chronologischer Folge dargeboten und vermitteln so für einen Zeitraum von über 70 Jahren ein breites Spektrum der Forschungsergebnisse und der Wertungen des Romans, wobei deutlich zu erkennen ist, daß er in der neueren Forschung vor allem geschichtlich verstanden und von seinen historisch-gesellschaftlichen Voraussetzungen her gedeutet wird.

»Die Geschichte hat etwas zu viel von der Epigramm-Novelle, wie W. H. Riehl[3] und H. Hoffmann[4] sie kultivieren, und ist doch wieder für diese Anlage zu schwer mit ernsten Herzensfragen belastet. Daß dies ›Meisterstück von einer Bourgeoise‹ sich für eine Idealistin hält, für die ›die reinen Gefühle, die noch kein rauher Hauch gestreift hat, doch unser Bestes sind und bleiben‹, und daß im entscheidenden Augenblick das goldene Visier sofort zurückklappt und das harte Gesicht der geldstolzen Kommerzienrätin zeigt – das ist witzig und vor allem, es ist wahr; aber der Überdeutlichkeit der Antithese verdirbt die Stimmung. Fontane fühlt das selbst, er kommt ihr deshalb durch Liedverse zu Hilfe, die hier (wie in ›Unwiederbringlich‹) als diesmal freilich ironisch gemeintes Leitmotiv die Erzählung durchziehen; und doch verrät auch das Hilfsmittel, wie die Symbole in ›L'Adultera‹, innere Unsicherheit. Sie zeigt sich auch sonst. Frau Jenny Treibel ist, wie solche aus dem Epigramm empfangenen Gestalten nur zu leicht, näher an die Karikatur geraten, als Fontanes diskrete Kunst sonst erlaubt; und sie wie ihr Gatte mißbrauchen die Sprechkunst Fontanischer Figuren in langen Monologen, die technisch und psychologisch gleich bedenklich sind. Corinna, der Gegenpart der Frau Treibel, die ehrliche Realistin (›Jugend ist gut. Aber, Kommerzienrätin ist auch gut und eigentlich

3. Wilhelm Heinrich Riehl (1823–97), Kulturhistoriker und Novellist.
4. Hans Hoffmann (1848–1909), humoristischer Erzähler und Novellist.

noch besser‹), verliert durch ein zu souveränes Ausstreuen großer Sätze an dem Reiz, der ihr doch anhaften soll, und ist zu ausschließlich ›kluges Mädchen‹ – eine unerfreuliche Rolle. Die Sätze selbst sind freilich wieder prachtvoll. ›Ja, das waren herrliche Worte, von denen ich übrigens bis heute geglaubt hatte, daß sie bei Trafalgar gesprochen seien. Aber warum nicht auch bei Abukir? Etwas Gutes kann immer zweimal gesagt werden.‹«

(Richard M. Meyer: Die deutsche Literatur des neunzehnten Jahrhunderts. Berlin 1900. S. 464)

»In ›Frau Jenny Treibel‹ wird die Mannigfaltigkeit des Lebenszusammenhanges selbst zum eigentlichen Gegenstand der Darstellung erhoben, fällt auf den Menschen in seiner Isolation, den Vorgang in seiner Singularität nicht mehr das entscheidende Gewicht. Fontane will die lügnerische Phrasenhaftigkeit, den leeren Hochmut, das Hartherzige der Bourgeoiswelt zeichnen, die Herrschaft des Geldsacks und der Geldsacksgesinnung, die ständig den Anspruch auf das ›Höhere‹ erhebt, vom Schönen, Guten, Wahren redet und im entscheidenden Augenblick, die Maske werfend, das goldne Kalb umtanzt. Das war mit der bisherigen novellistisch-romanhaften Mischform nicht zu erreichen. Es mußte eine Fülle von Gestalten aufgeboten werden, und keine durfte Hauptperson im Sinn der bisherigen Wirkungsökonomie sein, es galt eine *Sache,* eine Gesinnung, eine allgemeine Kalamität zu treffen, eine Massenerscheinung und -erkrankung, die am besten durch ein breites Zustandsgemälde darzustellen war.

Es entsteht ein Milieuroman, ein Werk von ungewöhnlichem Reichtum, der nun nicht mehr, wie in den Novellen der Mittelzeit, ausgespart und verwaltet, sondern mit vollen Händen ausgestreut und verschwendet wird. Nur in ganz äußerlichem Sinn ist die Berliner Kommerzienrätin Jenny Treibel Mittelpunkt des Formganzen. Wie ein gewirkter Wandteppich auf die dritte Dimension verzichtet, nur einen planimetrischen Mittelpunkt kennt und eine ihm entsprechende, in ihn placierte Hauptsache, der sich das andere in gleicher Fläche und gleich wirklich, gleich nahe, um- und beireiht, so ist Jenny Treibel nur formaler Mittelpunkt eines hori-

zontalen Gefüges, und gleichwertig, ebenbürtig reihen sich
um sie: der joviale Kommerzienrat und das Muttersöhnchen Leopold, der junge Treibel vom Holzhof und seine
Gattin mit dem Hamburg-Komplex, der gutmütig ironische
Gymnasialprofessor Wilibald Schmidt und sein Berliner
Musterkind Corinna, die treibelsche Dinergesellschaft und
das Oberlehrerkränzchen, die sauersüße Gesellschaftsdame,
Fräulein Honig, und das Hausfaktotum, die Schutzmanns-
witwe Schmolke – engere und weitere Kreise um die Gestalt der Rätin, aber durchaus nicht mehr ›nebensächlich‹,
vielmehr im gleichen Blickfeld, gleichwichtige Komponenten
in diesem Mikrokosmos, diesem Roman von den scherzhaf-
ten Widerspielen, die das bürgerliche Leben erheitern.
Die äußere Bewegung, die Begebenheitsfülle, ist auf ein
Minimum zusammengeschrumpft. War sie in den früheren
Werken meist bloßes Mittel der Menschengestaltung, so ist
sie in ›Frau Jenny Treibel‹ nur noch ein Blitzlicht, das die
geschilderte Menschenwelt in besonders wirkungsvoller Beleuchtung erscheinen läßt. [...]
Eine behaglich-ironische Gesamtstimmung, das ist der letzte
und bleibende Eindruck von ›Frau Jenny Treibel‹, diesem
Milieuroman ohne große Kurven im äußeren Verlauf und
ohne tiefere seelische Konflikte. Die Gefühlskontroversen
verbleiben in einer wohltemperierten Mittellage, keiner dieser Menschen ist einer starken Leidenschaft fähig. Bürger
und Bourgeois werden auf dem treibelschen Diner unbe-
schadet der Vorzüge und Unterschiede im Einzelnen in
Bausch und Bogen durcheinandergewirbelt. Die preziöse
Verbindlichkeit der Rätin, ihre schöngeistig gesteiften Mut-
maßungen über das Eheglück auf den Höhen der Menschheit, mit denen sie den adligen Damen zu imponieren
sucht –, die naive Schamlosigkeit des Kommerzienrates, der
ganz offen zugibt, daß seine politisch-konservativen Bestrebungen keine Überzeugung, sondern den alten Regel-
detriansatz hinter sich haben: wenn das und das so viel
bringt, wieviel bringt das und das –, die schmarotzenden
alten Hofdamen, die für ein gutes Diner sich ruhig als
Parade- und Ausstattungsstücke verwenden lassen –, Corinna, die um ihrer geheimen Zwecke willen in den feineren
akrobatischen Künsten weiblicher Eitelkeit ein Äußerstes

leistet –, sie alle sind für Fontane ›der Mensch, die kleine
Narrenwelt‹, eine willkommene Belustigung, aber beileibe
nicht Gegenstand einer sittlichen Entrüstung, eines mora-
lischen Pathos.«   (Conrad Wandrey: Frau Jenny Treibel. In:
                          C. W., Theodor Fontane. München: Beck 1919.
                          S. 252 ff.)

»Die Tragödie, sogar den tiefen Schmerz hat Fontane in
seinen Romanen dem Adel und dem Volke vorbehalten;
den Bourgeois, über den er sich halb ärgert, halb lustig
macht, hat er nicht ernst genommen. ›Ich hasse das Bourgeoishafte mit einer Leidenschaft, als ob ich ein eingeschwor-
ner Sozialdemokrat wäre; ›er ist ein Schafskopf, aber sein
Vater hat ein Eckhaus‹, mit dieser Bewunderungsform kann
ich nicht mehr mit.‹ So schreibt Fontane an seine Tochter,
und so spricht ungefähr zur gleichen Zeit sein Professor
Willibald Schmidt, der einst die Kommerzienrätin ›Frau
Jenny Treibel‹ angedichtet hatte, da sie noch Fräulein Bürstenbinder aus der Adlerstraße war und in ihres Vaters
Laden Traubenrosinen verkaufte. Als Fontane dies Musterstück einer Bourgeoise zur Heldin eines eigenen Romans
machte, da wich doch der Haß der lachenden Laune. Sie ist
unwiderstehlich, wie sie ›unentwegt‹ für das Ideale schwärmt,
aber die Verlobung ihres unbegabten, schlaffen Söhnchens
mit der sehr gescheiten und energischen, doch vermögens-
losen Tochter des Jugendgeliebten als einen europäischen
Skandal behandelt. Fontanes Humor wirkt viel gutmütiger
und eben dadurch überlegener in der Dichtung, als der ehrliche Zorn seiner Briefe erwarten läßt; für den männlichen
Bourgeois, der es zu etwas gebracht und doch wohl auch
etwas geleistet hat, wenn auch nur das Berlinerblau, das
seine Gesinnung kornblumig monarchisch gefärbt hat, für
Herrn Treibel hat der Dichter trotz seinen politischen Tor-
heiten sogar eine nachsichtige Hochachtung übrig. Und die
leise Ironie, der wohlwollende Sarkasmus strahlt von der
Villa Treibel auf alle anderen Personen des Romans aus,
auch auf das Kränzchen der sieben Oberlehrer, auch auf
den braven Schutzmann Schmolke, der in seinem schweren
Dienst bei der ›Sitte‹ allen Versuchungen mit preußischem
Pflichtgefühl widerstanden hat, besonders auch auf die

selbstgefällige Schwiegertochter, die wie alle Hamburgerinnen etwas so Zweifelsohnes, so ungewöhnlich Gewaschenes an sich hat. Sogar die superkluge kleine Corinna wird für ihr Aufstreben in die sozialen Höhen Treibelscher Diners nur eben ausgelächelt; ihr verständiger zweiter Bräutigam, der Oberlehrer Marcell Wedderkopp, läßt sie trotz begreiflichem Unbehagen mit einem blauen Auge davon kommen. ›Frau Jenny Treibel‹ hat Stil. Der Dichter wirkt dadurch, daß er die reinen menschlichen Empfindungen zurückdrängt und die gemischten, unreinen in guter Laune satirisch auflöst.«

(Gustav Roethe: Zum Gedächtnis Theodor Fontanes. In: Deutsche Rundschau 182, 1920, S. 124 f.)

»›Jenny Treibel‹, die vielleicht geistvollste und erbarmungsloseste Satire auf diese neue Schicht des Kaiserreichs, verdeutlicht die innere Unwahrheit und Leere einer Gesellschaft, die durch gesteigerten Besitz und Anspruch sich aller jener Werte zu bemächtigen suchte, die eine frühere Kultur wesensgemäß erschuf. Dieses neue Erwerbsbürgertum, ohne bindende Vergangenheit oder gültige Gemeinschaft der Sitte, drängte nach oben, um jene höheren Lebensformen zu erobern, die ihrerseits schon zu starren Formeln oder brüchigen Überlieferungen geworden waren. Es mußte zur Grundlage seines Seins Werte leihen, die bereits problematisch oder erschüttert waren. So ergab sich das falsche Spiel mit Idealen, Worten und Gebärden, deren Geltung auch ihren wahren Trägern fraglich geworden. Die adligen Damen lassen sich für ein gutes Diner zur Schau stellen, nackter Egoismus umkleidet sich mit blumigen Wendungen, der Professor, ein letzter Sproß der alten Bürgerlichkeit, belächelt skeptisch den Idealismus seiner Jugend. Wohl wirbelt Fontane mit überlegener Ironie diese Scheinwelt der Werte durcheinander, er löst sie auf und enthüllt ihre innere Unwahrheit, aber eine Gegenkraft setzt er ihr nicht. Niemand zerstört diese Lebenslüge durch die Kraft echten Seins. Resignation vor der Wirklichkeit, vor den von einer Scheinwelt gezogenen und behaupteten Schranken, der Sieg des Zeitgeistes über die Menschen – so endet auch dieses Buch ohne Willen zur Entscheidung. Die Ironie des Dichters zerstört die Lebenslüge der Bourgeoisie, ihre hohlen Ideale und Fiktionen, aber sie verrät auch den Zweifel an der Fähigkeit der Zeit zu einer werthaften Lebensform überhaupt. Fontane hat ein Gegenbild nicht schaffen können, da die Wirklichkeit der Zeit es ihm versagte. Mag man in den ›Poggenpuhls‹ auch die wohlmeinende Ergänzung zu ›Jenny Treibel‹, das Milieubild eines schlichten, tapferen und in aller Armut von echter Haltung getragenen Adels sehen; auch hier wird in den Charakteren der Geschwister innere Auflösung und Erstarrung spürbar.«

(Fritz Martini: Theodor Fontanes Romane. In: Zeitschrift für Deutschkunde 49, 1935, S. 523 f.)

»Das von Balzac in seiner ›Menschlichen Komödie‹ bis zur Erschöpfung des Lesers in einem Roman nach dem andern behandelte Thema von der Allmacht des Geldes faßt Fontane in ›Frau Jenny Treibel‹ ohne jedes anklägerische Pathos mit schalkhaftem Humor an. Wir sind im reich gewordenen und mit jedem Tage reicher werdenden Deutschland des Jahres 1888. Der kluge Professor Schmidt nennt die Kommerzienrätin Treibel ›ein Musterstück von einer Bourgeoise‹. Sie hat in ihrer Jugend mit ihm geschwärmt, aber ihm doch Treibel, ›das Produkt dreier im Fabrikbetrieb immer reicher gewordener Generationen‹, vorgezogen. Diese Wahl am Scheidewege wiederholt sich in ihrem Leben beständig. Ihr ganzes Denken wird vom Gelde regiert, aber gefühlvolle Seufzer kosten nichts, und das Schwärmen vom Idealen gehört zum guten Ton; also leistet sie sich dieses Vergnügen täglich und stündlich. Sie ist in der Mitte der vierziger Jahre eingesegnet worden, demnach etwa 1830 geboren, ist jetzt eine hohe Fünfzigerin. Die Datierung ist wieder ganz zweifelsfrei; denn Wildenbruchs ›Quitzows‹, die 1888 auf die Bühne kamen, werden bereits erwähnt, und der alte Kaiser, der 1888 starb, gehört noch zu den Lebenden. Man redet von Schopenhauer und Eduard von Hartmann, deren pessimistische Philosophie nach den Gründerjahren in die Mode gekommen war, und von dem französischen Novellisten Maupassant (1850–1893), dessen skeptische Frivolität einer verwandten Sphäre angehört. Man beschäftigt sich mit den Ausgrabungen Schliemanns, der

1878 sein ›Mykenä‹, 1886 sein ›Tiryns‹ veröffentlichte. Ein neuer Typus dieser mit Bildungselementen etwas überernährten Zeit ist die grundgescheite Corinna, die Tochter des Professors, in ihrem Gemisch von Koketterie und Gelehrsamkeit eine der prächtigsten Frauengestalten Fontanes.«

(Franz Riederer: Nachwort zu Theodor Fontane, Aus Wilhelminischer Zeit. Naunhof 1938. Bd. 4. S. 384 f.)

»*Dies* ist es, was dem Roman, abgesehen von seinem künstlerischen Wert, seine Überzeitlichkeit gewährleistet: sosehr das alles, was Fontane erzählt, an das Berlin der Gründerjahre gebunden ist, so wenig empfindet der heutige Leser dies doch als nur ›kulturgeschichtlich‹. Die Treibels sterben nicht aus, die Munks leben mitten unter uns, die Schmidts halten noch heute ihre Zirkel, und auch die Schmolkes gibt es noch (Gott sei Dank!). Es ist ein sehr zeitnahes Buch, dieses Buch von der ewigen Treibelei; es geht sehr viele von uns an.
Eine Gesinnung also wird geschildert; was an Handlung dazu nötig ist, ist eigentlich kaum der Rede wert. Es geschieht wenig in diesem Roman; man könnte die ›Fabel‹ in einigen kurzen Sätzen zusammenfassen, und man würde kaum Teilnahme mit ihr wecken. Daß in diesem höchst sparsamen Geschehen dennoch das ganze Leben pulst, daß in den meisterhaft ausgefeilten Wechselreden, die mehr andeuten als aussprechen, eine ganze Welt aufscheint, das ist des Buches dritte Merkwürdigkeit. Man pflegt Fontane als den Meister der geistreichen Plauderei zu feiern; aber das Entscheidende bei dieser seiner Kunst ist doch, daß er das menschliche Wort in seiner Hintergründigkeit deutlich zu machen weiß. Sprache als Ausdruck der Gesinnung, Sprache als Spiegel und – Grenze tiefsten Menschentums; man lese die Gespräche der ›Sieben Waisen Griechenlands‹ oder die Tischgespräche beim kommerzienrätlichen Souper, um eine Ahnung von der tiefen Weisheit zu bekommen, die hier ihren Ausdruck findet.«

(Mackensen: Nachwort zu Theodor Fontane, Frau Jenny Treibel. Gütersloh 1950. S. 278)

»Mit ›Frau Jenny Treibel‹ (1892, begonnen 1888) biegt Fontanes Gesellschaftsroman in eine bereits bestehende Überlieferung ein, in die Darstellung des Berlinertums, das er selber in dem Aufsatze aus dem Nachlaß ›Die Märker und das Berlinertum‹ bis zu seinen Wurzeln hin verfolgt. Dort definiert er das Berlinerische als ›ein eigentümliches Etwas, darin sich Übermut und Selbstironie, Charakter und Schwankendheit, Spottsucht und Gutmütigkeit, vor allem aber Kritik und Sentimentalität die Hände reichen‹, und das er auf die zu Spießbürgern umgewandelten Friderizianischen Grenadiere zurückführte. Glaßbrenner ist der begabteste Vertreter dieses Berliner Witzes, der sich in Holteis ›Eckensteher Nante‹ der Lokalposse bemächtigte. Julius Stinde schuf 1882 in seiner ›Familie Buchholz‹ den klassischen Typ der Berliner ›Madam‹. Stinde hatte viele Nachfolger, u. a. auch Julius Stettenheim (1831–1916), den Schöpfer des Kriegsberichterstatters und Meisterlügners Wippchen, und Heinrich Seidel (1842–1906), den des ›Leberecht Hühnchen‹ (1882). Ihnen gliedert sich ›Frau Jenny Treibel‹ an, die Berliner Kommerzienratsgattin, die sich alles gönnen kann, ›auch das Ideale, und sogar ‚unentwegt‘‹.«

(Franz Koch: Theodor Fontane. In: F. K., Idee und Wirklichkeit. Bd. 2. Düsseldorf 1956. S. 418 f.)

»Gegenüber dem Zusammenprall in ›Effi Briest‹ erscheinen alle Konflikte hier leidenschaftsloser und gemäßigter. Die Menschen um Jenny Treibel werden niemals von einem tragischen Schicksal befallen werden, weil sie nicht den Wert der Dinge gegeneinander abzuwägen vermögen. Sie sind vom Recht ihrer Anschauungen, ihres Verlangens nach Befriedigung materieller Gelüste und von ihrem Recht auf Macht rückhaltlos überzeugt. [...] Niemand ist zu Tode verwundet, wenn seine Hoffnungen scheitern, niemand zerbricht an allzu großer seelischer Belastung. Corinna, die manchmal ein kleiner Teufel reitet und die Leopold heiraten will, weil auch ihr der äußere Glanz in die Augen sticht, ist klug genug, in die ihr gemäße Sphäre zurückzukehren, nachdem sie eine bittere Abfuhr einstecken mußte. An der Seite des tüchtigen jungen

Gelehrten findet sie ein nicht rauschhaftes, aber gefestigtes Glück, dem sie eigenen Glanz verleihen wird. Wie die Witwe Schmolke – als kleinbürgerliches Gegenbild – nie über ihre Grenzen hinausstrebt, sondern ihr Dasein in der Erinnerung an den braven Mann mit stiller Verklärung umgibt. So sind Wilibalds letzte Worte ›Wir wollen nach Hause gehen‹ symbolisch als Ausdruck für das Sichbescheiden in einer umfriedeten Welt, wo jeder seinen Platz und sich selbst ausfüllt, zu verstehen.

Aber dazu bedarf es einer besonderen Kraft. Wenn am Schluß das Lied noch einmal ertönt, das sich wie ein Leitmotiv durch den Roman hindurchzieht, und die Hochzeitsgesellschaft ihm zujubelt, bricht der leicht angeheiterte Professor in Tränen aus, nicht bloß vor Rührung über vergangene Jugendstunden, sondern ergriffen von dem Geheimnis der schlichten Verse. Und plötzlich taucht der alte Dichter mit seinem Grundbekenntnis wieder auf: unzerstörbar ist der Glaube an den Menschen. Der Skeptiker wandelt sich ganz leise zum Propheten: auch die Tage der neureichen Bourgeoisie sind gezählt, das menschliche Herz ist stärker. So steht auch dieses von Ironie und Humor überströmende Werk im Zentralpunkt des Fontaneschen Weltbildes.«

(Edgar Groß: Nachwort zu Theodor Fontane, Sämtliche Werke. München: Nymphenburger Verlagshandlung 1959. Bd. 7. S. 435 ff.)

»Der ›Zeitroman‹ ›Frau Jenny Treibel‹ wird vom Zuständlichen, vom Typenporträt her, aus dem räumlichen Nebeneinander verschiedener Milieukreise komponiert. Das zeigt das gleiche Erzählprinzip wie in Kellers ›Martin Salander‹. Das Nebeneinander führt zur statischen Gliederung in Kontrastparallelen. Auf das Fragwürdige des Zustandes kam es Fontane an, nicht auf das Problem seiner progressiven Veränderungen. Es ging ihm um die Gebrochenheit oder Ganzheit des Humanen. Die objektive und subjektive Unwahrheit der Jenny Treibel wiederholt sich mit harmloserer Komik in ihren Gästen; sie dämpft sich bei dem alten Treibel zu einer versöhnenden Selbstironie. Sie kehrt in Corinna als ein Konflikt zwischen Lüge, Kompromiß und innerer Ehrlichkeit wieder. Auch sie ist nahe daran, ihre eigene

Natur zu verraten und dem Aufstiegsehrgeiz der Frau
Treibel zu verfallen. Sie findet jedoch zum natürlichen
Empfinden, zur inneren Richtigkeit zurück; Leopold, ihr
willensunfähiger Bräutigam, zu schwach, seine Sehnsucht
nach Unabhängigkeit zu verwirklichen, versagt kümmerlich.
Wenn derart jeder in diesem Roman in die Relativität zwischen Wahrhaftigkeit und Scheinexistenz, Scheinanspruch
gerät, sich zwischen Rolle und Wahrheit bewegt, dann fehlt
die Widerlage, von der aus gerichtet werden könnte. Es ist
bezeichnend, daß Marcell, der bürgerliche Gelehrte, der
›immer aufs Rechte, immer aufs Ganze‹ und so ›das wirklich Ideale‹ lebt, – eine aus dem alten Plan ›Allerlei Glück‹
nachwirkende Figur – skizzenhaft abstrakt im Hintergrunde
bleibt. Fontanes Gestaltungsinteresse gehörte dem sich rela-
tivierenden Menschen. Die Figuren des Romans bringen eine
reiche Fülle psychologischer Variationen dieses Grundthe-
mas. Es gipfelt in Jenny Treibel selbst. Daß Fontane diesem ›Musterstück von einer Bourgeoise‹, einer ihm höchst
unangenehmen sozialen Erscheinung, die Meisterschaft seiner Porträtkunst zuwandte, beweist, welches geheime Vergnügen sie dem Erzähler bereitete. Bis in alle Einzelheiten
durchspielt der Widerspruch von Sein und Schein, von
Wahrheit und Maske den Roman; aber er verschärft sich
nicht zu Konflikten, welche die ironische Nachsichtigkeit
und den lächelnden Humor der Erzählstimmung durchbre-
chen würden. [...]
Fontanes Blick auf das Einzelne, die rasch wechselnde Situation hat das epische Einheitsgefüge durch die lockere,
wenn auch genau gliedernde und akzentuierende Auswahl
von Szenen und Dialogen ersetzt. Der Stilist kombinierte
in ihnen das Elegant-Geistreiche, auf das er großen Wert
legte, mit dem Subjektiv-Beziehungsreichen und dem Reali-
stisch-Mimischen der erlauschten Alltagsrede. Der Dialog
im Wechselspiel der Augenblicke erlaubte das Spiel mit den
Dingen und in den Charakteren, das gleichzeitige Für und
Wider, Ja und Nein, das Halb und Halb, die momentanen,
vom Affekt oder der Laune bestimmten Zuspitzungen, die,
indem sie mehr als erlaubt oder richtig, geradezu auch Fal-
sches sagen, das Richtige verdeckt enthalten. Er erlaubt ein
schwebendes Spiel in wechselnden Rollen, das jene Distanz

verschafft, die Fontanes Menschen in einem wachen Bewußtsein ihrer selbst hält. ›Frau Jenny Treibel‹ enthält viel Lustspielelemente: in dem einlinigen Vorgang, der räumlichen und zeitlichen Konzentration, dem Spielhaften mitten im Rollenspiel. Hierher gehört weiter der Aufbau in der Szenenfolge und wie sich im Ablauf des Vorgangs das Rollenspiel potenziert, verwirrt und löst – bis zu dem Schluß als stark gefülltem Finale. Die Wiederkehr des Leitmotivs in dem sentimentalen Liebeslied erinnert wie die Dialogtechnik an die Verklammerungstechnik Ibsens. Man ist versucht, von einer erzählerischen Komödienform zu sprechen.«

(Fritz Martini: Theodor Fontane. In: F. M., Deutsche Literatur im bürgerlichen Realismus 1848–1898. Stuttgart: Metzler ²1964. S. 786–788)

»Frau Jenny Treibel schwärmt für alles Schöne und Ideale, und ihr Selbstverständnis hat den Inhalt, ›daß Geld eine Last ist und daß das Glück ganz woanders liegt‹, in einer Seele nämlich, die sich in der Welt der ökonomischen Profanität bewahrt hat für die Erfahrung des Schönen, wie es in den Arien aus Lohengrin und dem Tannhäuser klingt, die Adolar Krola im Salon vorträgt [...].
Fontane hat diese zwischen ökonomischer Realität und poetischer Idealität gespannte Sentimentalität der Jenny Treibel sorgfältig herausgearbeitet. Er demonstriert an ihrem Fall die eigentümliche Rolle der Kunst in der bourgeoisen Welt; er zeigt, wie in einer vom ökonomischen Kalkül beherrschten Wirklichkeit die Kunst zum idealen Überbau wird, der um so höher im Kurs steht, je radikaler die tatsächlichen Interessen auf die Behauptung und Steigerung der ökonomisch definierten Existenz reduziert sind. [...]
Die bourgeois-tatsächliche Rangordnung der Dinge stellt sich aber sofort wieder her, wenn die ideale Harmonie des Schönen und Wahren mit dem ökonomisch Guten in reale Konkurrenz tritt, wie es später der Fall ist, als Corinna ihre Verlobung mit dem jüngsten Sohn des Hauses Treibel betreibt – ein aussichtsloses Versuchen in Anbetracht der realen Interessen, die Jenny dagegen sein lassen.«

(Hermann Lübbe: Fontane und die Gesellschaft. In: Literatur und Gesellschaft vom neunzehnten ins zwanzigste Jahrhundert. Festgabe für Benno von Wiese. Bonn 1963. S. 248 f.)

»Daß [...] Fontanes Romane [...] unter der Kategorie der Zuständlichkeit stehen, liegt in ihrer reflexiven, die Fakten auf das erlebende Subjekt zurückbeziehenden Erzählweise begründet. Sie nimmt die Gesinnung, aus welcher die Personen handeln bzw. auf Ereignisse historischer oder privater Art reagieren, wichtiger als den objektiven Zusammenhang der Ereignisse selbst.

So stellt Fontane in ›Frau Jenny Treibel‹ nicht den Aufstieg Jenny Bürstenbinders aus dem Materialwarenladen ihres Vaters zu dem ›Musterstück von einer Bourgeoise‹ [...] dar und nutzt so die Möglichkeit, die ökonomischen und sozialen Bewegungen der Gründerjahre mit ihren geistig-moralischen Begleiterscheinungen an einem Einzelfall paradigmatisch zur Anschauung zu bringen: sondern er setzt Jennys sozialen Aufstieg als bereits vollzogen voraus. Fontane stellt in ›Frau Jenny Treibel‹ eine gegebene Situation so dar, daß die wenigen Handlungsmomente – soweit ein Diner samt seinen Vorbereitungen, ein Professorenkränzchen, eine Landpartie, eine bei dieser Gelegenheit erfolgende Verlobung, ihre Auflösung und eine neue Hochzeit als Handlung eines Romans gelten können – daß dieses Minimum an Geschehen nur Vorwand ist, um in einer Fülle von Gesprächen und einzelnen Briefen gleichsam einen Querschnitt durch einige herrschende Gesellschaftsschichten und die Gesinnung ihrer Mitglieder zu legen.

Das wenige Geschehen dieses Romans wird so exponiert, daß es geradezu zu einer ›Probe aufs Exempel‹ für die Titelgestalt und einige andere Personen wird. Wie das fait accompli Corinnas – ihre Verlobung mit Leopold Treibel – auf die verschiedenen Gestalten wirkt und sie in Widerstand oder Ergebung darauf reagieren und so offenbaren, was an ihnen ist, was eigentliche Natur und was nur eingebildet ist: das stellt das eigentliche Geschehen dieses Romanes dar. Ein Geschehen, das im Hinblick auf Jenny Treibel selbst keine andere Funktion zu haben scheint als die, die Behauptung ihres alten Verehrers Schmidt zu verifizieren: ›Mag übrigens alles schwanken und unsicher sein, eines steht fest: der Charakter meiner Freundin Jenny‹ [...]. In diesem Sinne ist Corinnas Verlobung mit Leopold ein ›Experiment‹, das herausbringt, was wirklich ist – das einen

bestehenden gesellschaftlichen Zustand und die, allen schönen Reden zum Trotz, geltenden gesellschaftlichen Vor-
urteile bestätigt und befestigt.

Fontanes Humanität und sein Humor lassen freilich nicht
zu, daß diese ›Probe aufs Exempel‹ als Desillusionierung
im modernen Sinne erscheint. Wie sonst selten bei Fontane
tritt in diesem Roman die Erzählergestalt als vermittelndes
Medium hervor; fehlte ihre liebevolle Ironie, die jede Gestalt noch gelten zu lassen vermag, wäre es nur noch ein
Schritt zur desillusionierenden Gesellschaftskritik Flauberts
oder der Moderne.«

> (Hubert Ohl: Bild und Wirklichkeit. Studien
> zur Romankunst Raabes und Fontanes. Hei-
> delberg: Stiehm 1968. S. 194 f.)

»Fontane beabsichtigte [...] eine ›humoristische Verhöhnung‹, kein satirisches Strafgericht. Man muß sich diese ausdrücklich formulierte Tendenz stets gegenwärtig halten, um
den gewissen Widerspruch zwischen dem Bourgeois-Roman
›Frau Jenny Treibel‹ und den Briefen des Dichters zum
Bourgeois-Thema zu verstehen. Die aggressive Satire auf
die (inzwischen auch weiterentwickelte) Bourgeoisie schrieb
wenige Jahre später Heinrich Mann mit seinem Roman ›Im
Schlaraffenland‹. Fontane konnte zwar – während der Arbeit an ›Frau Jenny Treibel‹ – bekennen: ›Ich hasse das
Bourgeoishafte mit einer Leidenschaft, als ob ich ein ein-
geschworner Sozialdemokrat wäre. ,Er ist ein Schafskopf,
aber sein Vater hat ein Eckhaus‹, mit dieser Bewunderungsform kann ich nicht mehr mit‹ – aber er vermochte dieses
Verdikt nicht in gleicher Intensität im Roman zu gestalten,
und vielleicht wollte er es auch nicht. ›Frau Jenny Treibel‹
steht insofern noch im Zeichen des Romanentwurfs ›Allerlei
Glück‹, von dem Fontane gesagt hatte: ›Zeitroman ... Berlin und seine Gesellschaft, besonders die Mittelklassen, aber
nicht satirisch, sondern wohlwollend behandelt. Das Heitre
vorherrschend, alles Genrebild. Tendenz: es führen viele
Wege nach Rom, oder noch bestimmter: es gibt *vielerlei
Glück*, und wo dem einen Disteln blühn, blühn dem andern
Rosen.‹ (An Karpeles, 3. April 1879.)«

> (Erler, S. 517 f.)

»Fontane ließ keinen Zweifel darüber, daß ›Frau Jenny Treibel‹ eine satirische Entlarvung eines allgemeinen zeitgenössischen Phänomens, des durch die Gründerjahre und das überstürzt einsetzende wirtschaftliche Gedeihen des kaiserlichen Reiches erzeugten Bourgeoistypus sein sollte. Er fand ihn in Berlin überall in seiner prächtigsten und ihm widerlichsten Expansion. Er entdeckte ihn bei dem Anspruch, die, wenn nicht führende, so doch in Gesinnung und Gesellschaft herrschende Klasse zu sein. [...]

Dieser Roman geht [...] über das nur Kritisch-Historische hinaus. Aber er hat nicht den Grad des Poetischen erreicht, das ›Irrungen Wirrungen‹ und ›Effi Briest‹ durchzieht. Oder anders gesagt: das Poetische erscheint hier in der dominanten Tonlage des Komischen, des Ironischen und des Humors. Das Poetische, das Humoristische, das ›Verklärende‹ – dies war für Fontane fast identisch. Man hat davon gesprochen, in welchem Umfange Fontane die Verwandlung von Gesellschaftskritik in die Formen der Kunst mittels der Stilmittel des Komischen, der ›menschlichen‹ Komik vollzogen hat. [...] Daß diese Stilmittel beherrschend werden und ›Frau Jenny Treibel‹ den Rang eines der vorzüglichsten ironisch-humoristischen Romane in der deutschen Literatur geben konnten, liegt auch daran, daß der Konflikt, der ihm eingelegt ist, nicht zu jenem Ernst durchdringt, der in ›Irrungen Wirrungen‹ und ›Effi Briest‹ das ›tragische‹ Gewicht gibt. Man kann auch ›Frau Jenny Treibel‹ zu Fontanes gesellschaftskritischen Konfliktromanen zählen. Aber der Konflikt zwischen Frau Jenny und Corinna gewinnt nicht ausreichende Tragkraft.«

(Fritz Martini: Nachwort zu Theodor Fontane, Effi Briest u. a. Romane. München: Winkler 1969. S. 954 ff.)

»Jenny Treibel ist eine der Figuren, die zu schonen der Erzähler keinen Grund hat; sie ist ›das Musterstück von einer Bourgeoise‹, wie sie genannt wird. Fontanes Abneigung gegenüber dieser Spezies von Menschen war ausgeprägt; und wieder sind es die Briefe, die in der Schärfe des Urteils kaum zu überbieten sind. Wir wundern uns nicht, daß dieser Fontane verhaßte Typ des Bourgeois vor allem auch in

den sozialkritischen Erörterungen auftaucht, die zum Er-
staunlichsten dessen gehören, was man in den Jahren des
sich überschlagenden Nationalismus bei deutschen Schrift-
stellern zu lesen bekommt: in den Briefen an James Morris,
den englischen Freund seit vielen Jahren. In dem Fragment
›Allerlei Glück‹ ist die Aufnahme dieses Typs in das Per-
sonal der Romankunst vorbereitet; und um einen Typus
handelt es sich in der Tat. Die Darstellung bloß individuel-
ler Charaktere ist nicht Fontanes Ziel. Dargestellte Typen
als Produkte ihrer Gesellschaft: darin erkennt der europä-
ische Gesellschaftsroman eine seiner Aufgaben, und Fontane folgt dieser Tradition. Es bliebe zu fragen, inwieweit
hier Traditionen der alten Typenkomödie Molières wieder-
kehren und wie sich die Typenkomödie des 19. Jahrhunderts – diejenige in Romanform – davon unterscheidet. Der
Egoist bei Meredith, der Snob bei Thackeray, der Bourgeois bei Fontane oder der Untertan bei Heinrich Mann:
das alles sind nicht zufällig in den Mittelpunkt gestellte
Figuren von typischer Bedeutung.«

(Walter Müller-Seidel: Besitz und Bildung.
Über Fontanes Roman ›Frau Jenny Treibel‹.
In: Fontanes Realismus. Wissenschaftliche Konferenz zum 150. Geburtstag Theodor Fontanes
in Potsdam. Berlin 1972. S. 134)

»Schmidt und die Treibels markieren die beiden Entwick-
lungslinien des Bürgertums nach der gescheiterten Revolution von 1848. Die Koalition von Besitz und Bildung
während der Emanzipation des Bürgertums in der ersten
Hälfte des 19. Jahrhunderts beginnt im Zuge der zuneh-
menden Industrialisierung mit ihrer Materialisierung des Lebens zu zerbröckeln, in Deutschland namentlich während
der Gründerzeit nach dem deutsch-französischen Krieg, in
der sich auch Treibel vergrößert. Das Bildungsbürgertum
zieht sich aus dem seinen humanistischen Idealen wider-
streitenden Konkurrenzkampf des Geldes zurück und verliert dadurch den Zusammenhang mit den politischen Fragen der Gegenwart. Indem es dem Besitzbürgertum kampf-
los das Feld räumt und in apolitische Passivität verfällt,
trägt es mittelbar zum Aufstieg des Kapitalismus bei. Als
Ersatz für den aufgegebenen Einfluß tauscht es ein gewisses

gesellschaftliches Ansehen ein, man könnte sagen, das Besitzbürgertum honoriert das Desengagement des Bildungsbürgertums durch Aufwertung des Prestiges. So sieht denn auch Jenny Treibel die Schmidts gerne bei ihren Diners, sie gehören zur repräsentativen Ausstattung wie Adlige und Künstler. Diese Gleichstellung auf geselliger Ebene bedeutet aber noch keine ständische Gleichstellung. Besitz- und Bildungsbürgertum respektieren nur gewisse Spielregeln, die den beiderseitigen Interessen gerecht werden.

Vor dem historischen Bild des Bürgertums stellt sich Fontanes Roman als Abbild der Zeitverhältnisse dar. In Schmidt und Jenny ist das Nebeneinander, nicht aber ein Gegeneinander, von Bildungs- und Besitzbürgertum verkörpert, während sich die in den Gründerjahren prosperierenden Treibels in äußerem Glanz präsentieren, lebt Schmidt angesichts einer von ihm durchschauten materiellen Umwelt in der Zurückgezogenheit, ganz der klassischen Bildungstradition verpflichtet. Die Berührungen beider Schichten führen nicht zu einem echten Austausch auf geistiger und sozialer Ebene, sind aber bestimmt durch ein stillschweigendes gegenseitiges Tolerieren. [...]

Die Gefahren der Isolierung des Bildungsbürgertums, die in der Figurenkonstellation des Romans sichtbar werden, die Bourgeoisierung des Lebens als Folge des Rückzugs der kritischen Intelligenz, mögen Fontane nicht voll bewußt geworden sein, aber indem er ein realistisches Bild des Bürgertums seiner Zeit bot, ohne zu beschönigen und ohne zu verketzern, gelang es ihm, die Anfänge einer Entwicklung erkennen zu lassen, deren Auswirkungen erst vom rückblickenden Interpreten ganz erfaßt werden können, der über den Blickwinkel des Autors hinaus die historische Bedingtheit, die eingeengte oder fortschrittliche Perspektive eines Zeitgemäldes aufzuzeigen vermag. Für ›Frau Jenny Treibel‹ bedeutet das, daß die ironische Distanzierung, die Haltung der ›Verbindlichkeit des Unverbindlichen‹, die Schmidt einnimmt, selbst wenn sie von Fontane als einzig mögliche Lebensweise angesehen wurde, nicht zum ahistorischen Weisheitsideal hypertrophiert werden darf, daß in der dargestellten Konstellation von Besitz- und Bildungsbürgertum Tendenzen offenbar werden, die auf die

politische Katastrophe des 20. Jahrhunderts vorausdeuten.
Fontanes Realismus läßt die Wahrheit der Wirklichkeit
hervortreten, ist ›Dunkelschöpfung im Lichte zurechtge-
rückt‹.«

(Dieter Kafitz: Die Kritik am Bildungsbürgertum in Fontanes Roman ›Frau Jenny Treibel‹.
In: Zeitschrift für deutsche Philologie 92, Sonderheft, 1973, S. 94 ff.)

IV. Texte zur Diskussion:
Über die Gesellschaft des 19. Jahrhunderts

Die wenigen ausgewählten Texte der neueren Soziologie,
Geschichtswissenschaft und Fontane-Forschung charakteri-
sieren die Zeit des Romans und können der Diskussion über
den Fontaneschen Gesellschaftsroman sowie über das aus-
gehende 19. Jahrhundert dienen. Eine Ergänzung dazu bietet die Quellensammlung von Höfele, aus deren umfang-
reicher Einleitung im folgenden zitiert wird und die im
Hauptteil Dokumente der Fontane- und Bismarck-Zeit enthält. Die zwei Bände »Deutsche Sozialgeschichte« und der
Band »Sozialgeschichtliches Arbeitsbuch« bieten ebenfalls
Ausschnitte aus zeitgenössischen Quellen und Materialien
zur Statistik des Kaiserreichs 1870–1914.

»Das Bürgertum gab seinen eigenen Klassenkampf, so darf
man zuspitzend sagen, gegen den Adel völlig auf, der die
Mitte des Jahrhunderts ausgefüllt und besonders in der
volkstümlichen Literatur – man denke an die vielgelesenen
Romane von Spielhagen oder von Freytag – seinen Ausdruck gefunden hatte. Es hörte nun einen beredten Deuter
des neuen Verständnisses für die den Staat lenkenden Kreise
in Fontane. Das rechtsstehende Bürgertum näherte sich dem
Adel ganz ausdrücklich an, seinen Auffassungen von Staat,
Herrschaft, Ehre und Pflicht. Und da dies alles bei dem
preußischen Schwertadel ausgesprochen soldatisch gehalten
war, so wurde der Einfluß des Militärischen, das sich dem
Gesellschaftlichen eng verband, in schnellem Gange stärker.
Die hohe Geltung, die der militärische Charakter des Re-
serveoffiziers gewann, zeigte unter anderen Dingen die
innere Versöhnung zwischen Bürgertum und Adel an.
Feudalisierung des Bürgertums – so ist dieser psychologisch
ungemein bedeutsame Vorgang schlagwortartig genannt
worden, und gewiß war er ein weiteres Zeichen dafür, daß
unter neuen Gestirnen das bürgerliche Zeitalter sich stark
gewandelt hatte. Daß sich innerhalb des Bürgertums dementsprechend eine Sonderschicht bildete, daß sich die aka-

demische Jugend schärfer absetzte gegen andere Stände,
gehört in den gleichen Zusammenhang.«

(Ludwig Beutin: Das Bürgertum als Gesell-
schaftsstand im 19. Jahrhundert. In: Blätter
für deutsche Landesgeschichte 90, 1953, S. 159)

»Dies Großbürgertum war in der ersten Periode der Industrialisierung, bis in die Zeit der Reichsgründung, noch ein
Teil des Gesamtbürgertums. [...] Das wurde in der nächsten Generation, in der Periode der Hochindustrialisierung,
anders. Das Großbürgertum trennte sich vom übrigen Bürgertum und wurde feudalisiert. Es suchte in seinem Streben,
zur Spitze der gesellschaftlichen Pyramide aufzusteigen,
nach einer Lebensform, die ihm die Zugehörigkeit zur Elite
bestätigte, und es glaubte diese Form in dem durch lange
Tradition gefestigten Lebensstil des Adels zu finden. Man
sieht diese Übernahme aristokratischer Lebensformen an
der Entwicklung der Fabrikantenwohnungen vom kleinen
Haus unmittelbar neben dem Betrieb über die Villa zum
ländlichen Herrensitz oder daran, daß die Industriellen ihre
Söhne als Offiziere in sogenannten ›feudalen‹ Kavallerie-
regimentern dienen ließen, und schließlich im Streben nach
der Nobilitierung oder wenigstens einem auszeichnenden
Ratstitel. Die Feudalisierung des Großbürgertums entsprang
nicht nur gesellschaftlichem Ehrgeiz, sondern auch einem
gemeinsamen sozialpolitischen und allgemeinpolitischen Interesse mit dem Adel. Diese politische Interessengemein-
schaft beruhte darauf, daß *beide* einen *gemeinsamen Ge-
genspieler* hatten: die Arbeiterbewegung.«

(Karl Erich Born: Der soziale und wirtschaftliche Strukturwandel Deutschlands am Ende
des 19. Jahrhunderts. In: Moderne deutsche
Sozialgeschichte. Hrsg. von Hans-Ulrich Weh-
ler. Köln: Kiepenheuer & Witsch ³1970.
S. 282 f.)

»Das bürgerliche Unternehmertum, das durch die Gründung des Bismarck-Reiches einen gewaltigen Auftrieb erhalten hatte, eroberte, zumal nach Überwindung der Krisen
der ›Gründer‹jahre, ökonomisch, politisch und gesellschaftlich immer mehr Positionen. Es war die Zeit des ›Lebens

und Lebenlassens‹ nach der liberalen Devise. Im Sozialistengesetz von 1878 bekam das deutsche Proletariat die harte Hand der mit den Junkern verbündeten nationalliberalen Gebieter der deutschen Wirtschaft zu fühlen; die von Außenseitern auf Wilhelm I. verübten Attentate lieferten den willkommenen Vorwand, die Forderungen der arbeitenden Klasse auf politische und ökonomische Mitbestimmung abzudrosseln – *diese* Forderungen, nicht die Attentate, die nur die Staffage für das Unterdrückungsgesetz abzugeben hatten, meinten die Unternehmer, wenn sie die sozialistischen Bestrebungen ›gemeingefährlich‹ nannten. Gesellschaftlich drängte die Großbourgeoisie den bis dahin, namentlich in Preußen und Berlin, tonangebenden Adel zurück und spielte sich kraft ihres Geldes allenthalben in den Vordergrund. Die ›Kommerzienräte‹ schossen wie Pilze aus der Erde hervor und dehnten die Herrschaft, die sie in den Kontoren und Fabriken übten, auch auf das sogenannte gesellschaftliche Leben, auf Kunst und Literatur aus. Weitgehend wurde die Aristokratie der Geburt durch die des Geldsackes abgelöst. Geld, Geld und noch einmal Geld war die Losung, zumal nach Lage der Dinge in Berlin.«

(Christfried Coler: Nachwort zu Theodor Fontane, L'Adultera – Frau Jenny Treibel. Berlin: Verlag Das Neue Berlin ²1963. S. 407 f.)

»Die deutsche Bourgeoisie unterschied sich von den bürgerlichen Klassen anderer Länder nicht nur durch das Fehlen jeglicher revolutionären Erinnerung und demokratischen Tradition, nicht nur durch die daraus erfließenden ideologischen Halbheiten und Inkonsequenzen, sondern auffälligerweise auch dadurch, daß sie ideologisch und moralisch der feudal-romantischen Ideen- und Gefühlswelt geradezu unterlag. Das erklärt sich aus der Tatsache des geschichtlichen Zusammentreffens der erwähnten ideologischen Unreife des Bürgertums mit der aus denselben historischen Bedingungen entstandenen sozialen Übermacht und den sich deshalb mehr oder weniger ungehemmt auswirkenden ideologischen Einflüssen der Adelsklasse auf die ganze Gesellschaft. [...]
An der politischen Haltung des Bürgertums änderte sich

grundsätzlich nichts, auch als seit ungefähr der Mitte des
vorigen Jahrhunderts die Industrialisierung Deutschlands
kräftige Fortschritte zu machen begann. Die dreihundert-
jährige reaktionäre Tradition Deutschlands und die Nach-
wirkung des Verrates an der Revolution erwiesen sich als
die stärkeren Faktoren. Besonders die Tatsache, daß das
Proletariat trotz aller inneren und äußeren Behinderungen
ebenso rasch an Selbstbewußtsein gewann, wie es an Zahl
wuchs, bewirkte, daß es die Bourgeoisie mit Anläufen und
Ansätzen ohne weittragende Bedeutung bewenden ließ, im
übrigen aber nicht einmal an einen Kampf um die Demo-
kratie in bürgerlich-beschränkter Gestalt dachte. Im Gegen-
teil, als sie merkte, daß der preußische Staat ihren Pro-
fitinteressen, die im Vordergrunde ihres Sinnens und
Trachtens standen, sogar ein gewisses Verständnis abgewann,
verlor sie den letzten Rest von politischem Schamgefühl und
schlitterte, bei jedem Schritt über die ihr angetane Schmach
seufzend, in die rettenden Arme des Junkertums. Gleichzeitig machte die reibungslos laufende Profitmaschinerie
einen solchen Eindruck auf sie, daß sie diesen neuen deus
ex machina an Stelle des alten christlichen Gottes zu ver-
ehren begann, was in der Weise geschah, daß man ›natur-
wissenschaftlich‹ statt christlich dachte und dem gerade neu
entstandenen Materialismus huldigte.«

(Leo Kofler: Zur Geschichte der bürgerlichen
Gesellschaft. Neuwied: Luchterhand ³1966.
S. 563 u. 567)

»Die Gründung des Deutschen Reiches fiel mit dem Beginn
einer tiefgreifenden Wandlung des Wirtschaftslebens zusammen. Um 1830 hatten vier Fünftel der Bevölkerung ihren
Lebensunterhalt in der Landwirtschaft gefunden, Mitte der
achtziger Jahre war es knapp die Hälfte. Die Industrie
entfaltete sich in fast märchenhafter Weise: Zwischen 1871
und 1874 entstanden genau so viele Hochöfen, Eisenhütten
und Maschinenfabriken wie in der Zeit von 1800 bis 1870.
An die Stelle handwerklicher Einzelfertigung trat die Mas-
senfabrikation im Großbetrieb. Die Produktivität in der
Industrie stieg zwischen 1870 und 1890 um die Hälfte, im
Braunkohlenbergbau um das Doppelte, in der Roheisen-

erzeugung gar um das Fünffache. Entsprechend wuchs das
Bankkapital, bei der Deutschen Bank z. B. von 15 auf 100
Millionen, und die Zahl der Effekten an der Berliner Börse
vervierfachte sich im gleichen Zeitraum. [...] Das zeitliche
Zusammentreffen einer (internationalen) zyklischen Hoch-
konjunktur mit dem Milliardensegen aus Frankreich, der
Verlockung durch lohnende Eisenbahnprojekte und dem
akuten Bedarf neuer Wohnhäuser führte zur Gründung
zahlreicher Aktiengesellschaften. Ein ungenügendes Aktien-
recht erleichterte das Entstehen unreeller Firmen und er-
möglichte eine groteske Überspekulation. Das Kapital der
zwischen 1871 und 1875 gegründeten Aktiengesellschaften
war um die Hälfte größer als das der Unternehmungen,
die in den fünfzehn Jahren zwischen 1876 und 1890 entstanden. Der Maßlosigkeit des rauschhaften Gründertau-
mels entsprach der Katzenjammer des ›Krachs‹, der in erster Linie durch Vorgänge an den Börsen von Wien (Mai
1873) und New York (September 1873) ausgelöst wurde.
Zahlreiche Existenzen wurden vernichtet, Arbeitslosigkeit
und hohe Preise lasteten schwer auf den ärmeren Schichten
der Bevölkerung.
So bietet der *gesellschaftliche Zustand* des deutschen Volkes
in den beiden Jahrzehnten nach der Reichsgründung ein
zwiespältiges Bild. Dem wirtschaftlichen Aufschwung im
ganzen stand verbreitete Not im einzelnen gegenüber.
Wachsender Wohlstand auf der einen Seite konnte nicht
über die zunehmende Armut auf der andern hinwegtäu-
schen, oder, wie es der ›Brockhaus‹ von 1875 ausdrückte:
›Den neuen Reichtümern steht neuer Jammer gegenüber,
Verkümmerung, Verwahrlosung der Arbeiter in einer Aus-
dehnung und Intensität, wovon man früher keine Vorstellung gehabt.‹ [...]
Im *geselligen Leben* Deutschlands vollzog sich nach 1870
die entscheidende Wandlung von spätbiedermeierlicher Ein-
fachheit zu großbürgerlichem Luxus. Der Grund lag einmal
in den steigenden Einkommen und dem wachsenden Vermögen, zum andern in der immer deutlicher werdenden Be-
vorzugung materieller Genüsse gegenüber geistigen. Am
Beispiel Berlins wird die Entwicklung sichtbar. Anfang der
siebziger Jahre gab es zur Abendeinladung ›ein Butterbrot

und ein Glas Bier‹. Wollte man ausgehen, so traf man sich
etwa im Konzerthaus von Bilse in der Leipzigerstraße.
›Ganze Familien saßen dort, und während sie der Musik
lauschten, wurde eine Tasse Kaffee oder ein Glas Bier ge-
trunken. Manche brave Bürgersfrau strickte gleichzeitig
ihren Strumpf.‹ Man mietete vielleicht einen Kremser, fuhr
nach Pankow und tat sich ›an dem Kaffee bei Linde und
an den von Hause mitgebrachten unheimlichen Kuchenmas-
sen gütlich.‹ Um 1880 wurde das anders. Berlin wuchs zur
Weltstadt heran. ›Der Zuschnitt des Lebens begann seit
jener Zeit erheblich anspruchsvoller zu werden. Große
Bälle, Empfänge und Diners fingen an, die früheren gut-
bürgerlichen Sitten des Zusammenseins abzulösen.‹ Wohl-
tätigkeitsfeste gaben den Vorwand zu Schlemmermählern
und unerhörtem Kleiderluxus. Die Ausstattungsstücke und
Ballettaufführungen des Viktoriatheaters lösten die Possen
von Kalisch[1] und L'Arronge[2] ab. Das Bild Berlins erhielt
durch den sprunghaft raschen Aufstieg etwas Unorgani-
sches, das dem, der aus der alten Kaiserstadt an der Donau
kam, schon in der Diskrepanz der Häuser sichtbar wurde.
Es gab da die Prachtgebäude Unter den Linden, ›aber dürf-
tige Neubauten füllten massenhaft die Zwischenstraßen mit
den lückenhaften Stückfassaden‹. Kein einheitlicher Orga-
nismus war auch die Berliner Gesellschaft, die, so fand Ferdinand Gregorovius[3], von ›Klassen- und Kastengeist‹ be-
herrscht war.«

(Karl Heinrich Höfele: Geist und Gesellschaft
der Bismarckzeit, 1870–1890. Göttingen: Mu-
sterschmidt 1967. S. 25 ff. u. 41 f.)

»Ein besonderes Verhältnis hatte der Bourgeois zu einer
außerständischen Gruppe der Gesellschaft, zur Künstler-
gilde. Es ergab sich aus einer Mischung von Mäzenatentum,
worin die finanzkräftige Bourgeoisie den Adel nachahmte
und langsam ablöste, und Prestigedenken. Man schmückte
sich mit dem Künstler und seinem Produkt, um die Liebe

1. David Kalisch (1820–72), humoristischer Schriftsteller, Verfasser von
Berliner Lokalstücken, Gründer des »Kladderadatsch«.
2. Adolf L'Arronge (1838–1908), Theaterdirektor und Bühnenschrift-
steller, Verfasser von Komödien und Volksstücken.
3. Ferdinand Gregorovius (1821–91), Schriftsteller und Historiker.

zum ›Höheren‹, ›Idealen‹ zu bekunden, die zum guten Ton gehörte. Der Umgang mit Vertretern der Kunst sollte die eigene Kulturhöhe unter Beweis stellen. Kunstverständnis und Geschmack war bei solch äußerlichem Interesse nicht von Nöten und nicht vorhanden. Man sammelte Bilder, auch Kopien, lud sich Maler ein und ließ Familienporträts anfertigen. Man bestellte Gedichte, Texte für ›Lebende Bilder‹ und ganze Theaterstücke für Familienfeste und Soiréen, verschlang die ›Gartenlaube‹, Trivialromane und Erbauungsbücher und ging ins Theater, um Rührstücke und ›Goethe‹ zu sehen, und selbst gesehen zu werden; denn ›Theater bildete‹ und vermittelte nebenher mehr oder weniger intime Bekanntschaften mit Schauspielerinnen, Balletteusen und Soubretten. Musici, besonders klavierspielende und singende, erfreuten sich der größten Beliebtheit im Hause des Bourgeois. [. . .]
Berechnung bestimmte auch den gesellschaftlichen Verkehr der Bourgeoisie. ›Glanz‹ verlieh jedem Fest die Anwesenheit Adeliger, ganz besonders wenn sie Beziehungen zum Hof hatten. Die Bourgeoisie, traditions- und geschichtslos, imitierte und adaptierte feudale Lebensformen. Sie stand wie das gehobene Bildungsbürgertum im ›Schatten des Feudalismus‹. Man glich sich rein äußerlich dem Adel an, der bei der überkommenen Gesellschaftsstruktur die absolute Gesellschaftsspitze darstellte und Macht und Ansehen besaß. Der Bourgeois aber hatte das Geld und konnte es sich leisten adliger als der Adel zu leben. Um den nur materiell fundierten Anspruch auf Ebenbürtigkeit und Zugehörigkeit zur Creme der Gesellschaft auch ideell zu untermauern, gerierte sich der Bourgeois nicht nur pseudokonservativ und strebte nach einem staatlich verliehenen Ehrentitel, der ihn als ›bourgeois de titre‹ unter die Approbierten und Patentierten einreihte, nach Orden und anderen Auszeichnungen, sondern auch nach Kontakt mit dem Geburtsadel. Ein Abglanz des gesellschaftlichen Ansehens fiel dann auf den Besitzbürger, der mit dem Adel Verkehr pflegte.«

(Edeltraud Ellinger: Das Bild der bürgerlichen Gesellschaft bei Theodor Fontane. Phil. Diss. Würzburg 1970. S. 125 f. u. 120 f.)

V. Literaturhinweise

1. Ausgaben

Frau Jenny Treibel oder »Wo sich Herz zum Herzen find't«. In: Deutsche Rundschau 70/71 (1892). [Erstdr.]

Frau Jenny Treibel oder »Wo sich Herz zum Herzen find't«. Berlin: Fontane, 1893. [Erste Buchausg.]

Frau Jenny Treibel. In: Fürs deutsche Haus 1 (1899) Nr. 1–21. [Zweiter Zeitschriftenabdr.]

Frau Jenny Treibel. In: Aus Wilhelminischer Zeit. Acht Romane in vier Bänden. Bd. 3. Naunhof: Hendel, 1938.

Theodor Fontane: Sämtliche Werke. Bd. 7. Hrsg. von Edgar Groß. München: Nymphenburger Verlagshandlung, 1959.

Theodor Fontane: Sämtliche Werke. Hrsg. von Walter Keitel. Abt. 1. Bd. 4. München: Hanser, 1963. 2., rev. und erw. Aufl.: Werke, Schriften und Briefe. Hrsg. von W. K. und Helmuth Nürnberger. 1974.

Theodor Fontane: Romane. Textrevision Jost Perfahl. Nachw. von Fritz Martini. München: Winkler, 1969. [6]1985.

Theodor Fontane: Romane und Erzählungen. Bd. 6. Hrsg. von Peter Goldammer und Gotthard Erler. Berlin: Aufbau-Verlag, 1969.

Frau Jenny Treibel oder »Wo sich Herz zum Herzen find't«. Anm. von Walter Wagner. Nachw. von Walter Müller-Seidel. Stuttgart: Reclam, 1988. (Universal-Bibliothek. 7635.)

2. Bibliographien, Forschungsberichte

Eyssen, Jürgen: Theodor Fontane. Eine Zusammenstellung der wichtigsten deutschsprachigen Literatur seit 1964. In: Buch und Bibliothek 24 (1972) S. 194–197.

Fiedler, Horst: Gestalter einer Epoche deutschen Lebens. Theodor Fontane in neuen Ausgaben. In: Der Bibliothekar 11 (1957) S. 254–266.

Fontane-Blätter. Bd. 1,1 ff. (1965 ff.). [Verzeichnet laufend die Ergänzungen des Fontane-Archivs, Potsdam.]

Herding, Gertrud: Theodor Fontane im Urteil der Presse. Diss. München 1945. [Masch.]

Jolles, Charlotte: Zu Fontanes literarischer Entwicklung. Bibliographische Übersicht über seine Beiträge in Zeitschriften, Almanachen, Kalendern und Zeitungen 1839–1858/59. In: Jahrbuch der Deutschen Schillergesellschaft 4 (1960) S. 400–424.

Koester, Rudolf: Theodor Fontane Bibliography – A Supplement. In: The German Quarterly 41 (1968) S. 646–659.

Martini, Fritz: Deutsche Literatur in der Zeit des »bürgerlichen Realismus«. In: Deutsche Vierteljahrsschrift für Literaturwissenschaft und Geistesgeschichte 34 (1960) S. 581–666. [Zu Fontane S. 650–657.]

Paulsen, Wolfgang: Zum Stand der heutigen Fontane-Forschung. In: Jahrbuch der Deutschen Schillergesellschaft 25 (1981) S. 474 bis 508.

Remak, Henry: Theodor Fontane. Eine Rückschau anläßlich seines 50. Todestags. In: Monatshefte für deutschen Unterricht, deutsche Sprache und Literatur 42 (1950) S. 307–315.

Reuter, Hans-Heinrich: Entwurf eines kritischen Überblicks über den Stand und die Perspektiven der gegenwärtigen Fontane-Forschung anläßlich des Fontane-Symposions in Potsdam. In: Weimarer Beiträge 12 (1966) S. 674–699.

Schobeß, Joachim: Literatur von und über Fontane. Potsdam ²1965.

Stuckert, Franz: Zur Dichtung des Realismus und des Jahrhundertendes. In: Deutsche Vierteljahrsschrift für Literaturwissenschaft und Geistesgeschichte 19 (1941) S. 79–136. [Zu Fontane S. 105–110.]

3. Zu Theodor Fontane

Aust, Hugo: Theodor Fontane: »Verklärung«. Eine Untersuchung zum Ideengehalt seiner Werke. Bonn 1974.

Bance, Alan: Theodor Fontane: The Major Novels. Cambridge 1982.

Brinkmann, Richard: Theodor Fontane: Über die Verbindlichkeit des Unverbindlichen. 2. Aufl. Tübingen 1977.

– Der angehaltene Moment. Requisiten – Genre – Tableau bei Fontane. In: Deutsche Vierteljahrsschrift für Literaturwissenschaft und Geistesgeschichte 53 (1979) S. 429–462.

Delbruyère, Konstantina: Der Dialog, seine Funktion und Bedeutung in den späteren Romanen Theodor Fontanes. Diss. München 1982.

Demetz, Peter: Über Fontanes Realismus (1961). In: Bürgerlicher

Realismus. Grundlagen und Interpretationen. Hrsg. von Klaus-Detlev Müller. Königstein i. Ts. 1981. S. 203–213.

Demetz, Peter: Formen des Realismus: Theodor Fontane. München 1964.

Ellinger, Edeltraud: Das Bild der bürgerlichen Gesellschaft bei Theodor Fontane. Diss. Würzburg 1970.

Fleig, Horst: Sich versagendes Erzählen. Fontane. Göppingen 1974.

Frei, Norbert: Theodor Fontane. Die Frau als Paradigma des Humanen. Königstein i. Ts. 1980.

Fricke, Hermann: Theodor Fontane – Chronik seines Lebens. Berlin 1960.

Gärtner, Karlheinz: Theodor Fontane. Literatur als Alternative. Eine Studie zum »poetischen Realismus« in seinem Werk. Bonn 1978.

Garland, H. B.: The Berlin Novels of Theodor Fontane. Oxford 1980.

Glogauer, Walter: Die Schönheit des Trivialen oder Bürger im Niemandsland. Theodor Fontane zwischen Naturalismus und poetischem Realismus. In: Orbis litterarum 39 (1984) S. 24–37.

Grawe, Christian: Führer durch die Romane Theodor Fontanes. Ein Verzeichnis der darin auftauchenden Personen, Schauplätze und Kunstwerke. Frankfurt a. M. / Berlin / Wien 1980.

Greter, Heinz Eugen: Fontanes Poetik. Bern / Frankfurt a. M. 1973.

Hass, Ulrike: Theodor Fontane. Bürgerlicher Realismus am Beispiel seiner Berliner Gesellschaftsromane. Bonn 1979.

Hayens, Kenneth: Theodor Fontane. A Critical Study. London 1920.

Hillebrand, Bruno: Mensch und Raum im Roman. Studien zu Keller, Stifter, Fontane. München 1971.

Hohendahl, Peter Uwe: Soziale Rolle und individuelle Freiheit. Zur Kritik des bürgerlichen Arbeitsbegriffs in Fontanes Gesellschaftsromanen. In: Arbeit als Thema in der deutschen Literatur vom Mittelalter bis zur Gegenwart. Hrsg. von Reinhold Grimm und Jost Hermand. Königstein 1979. S. 74–101.

Jolles, Charlotte: Theodor Fontane. Stuttgart 1972. 3., durchges. und erg. Aufl. 1983. (Sammlung Metzler. 114.)

– Fontane und die Politik. Ein Beitrag zur Wesensbestimmung Theodor Fontanes. Berlin/Weimar 1983.

Kahrmann, Cordula: Idyll im Roman Theodor Fontanes. München 1973.

Koch, Franz: Theodor Fontane. In: F. K.: Idee und Wirklichkeit. Bd. 2. Düsseldorf 1956. S. 374–440.

Krammer, Mario: Theodor Fontane. Berlin 1922.

Kricker, Gottfried: Theodor Fontane. Von seiner Art und epischen Technik. Berlin 1912.

Liesenhoff, Carin: Fontane und das literarische Leben seiner Zeit. Eine literatursoziologische Studie. Bonn 1976.

Lübbe, Hermann: Fontane und die Gesellschaft. In: Literatur und Gesellschaft vom neunzehnten ins zwanzigste Jahrhundert. Festgabe für Benno von Wiese. Bonn 1963. S. 229–273.

Lukàcs, Georg: Der alte Fontane. In: G. L.: Deutsche Realisten des 19. Jahrhunderts. Berlin 1952. S. 262–307.

Mahal, Günther: »Echter« und »konsequenter« Realismus. Fontane und der Naturalismus. In: Prismata. Festschrift für Bernhard Hanssler. Hrsg. von Dieter Grimm [u. a.]. Pullach bei München 1974. S. 194–204.

Martini, Fritz: Theodor Fontanes Romane. In: Zeitschrift für Deutschkunde 49 (1935) S. 513–530.

– Theodor Fontane. In: F. M.: Deutsche Literatur im bürgerlichen Realismus. Stuttgart 1962. 4., erw. Aufl. 1981. S. 737–800.

Maync, Harry: Theodor Fontane, 1819–1919. Leipzig 1920.

Meyer, Richard M.: Die deutsche Literatur des neunzehnten Jahrhunderts. Berlin 1900. [Zu Fontane S. 442–469.]

Mittenzwei, Ingrid: Theorie und Roman bei Theodor Fontane. In: Deutsche Romantheorien. Hrsg. von Reinhold Grimm. Frankfurt a. M. 1974. S. 277–294.

Mommsen, Katharina: Gesellschaftskritik bei Fontane und Thomas Mann. Heidelberg 1973.

Müller-Seidel, Walter: Theodor Fontane. Soziale Romankunst in Deutschland. Stuttgart 1975. 2., durchges. Aufl. 1980.

– »Allerlei Glück«. Über einen Schlüsselbegriff im Roman Theodor Fontanes. In: Zeitwende 48 (1977) S. 1–17.

Nürnberger, Helmuth: Der frühe Fontane. Hamburg 1967.

– Theodor Fontane in Selbstzeugnissen und Bilddokumenten. Reinbek bei Hamburg 1968. (Rowohlts Monographien. 145.)

Ohl, Hubert: Bild und Wirklichkeit. Studien zur Romankunst Raabes und Fontanes. Heidelberg 1968.

– Theodor Fontane. In: Handbuch der deutschen Erzählung. Hrsg. von Karl Konrad Polheim. Düsseldorf 1981. S. 339–355 und 596 f.

Peters, Konrad: Theodor Fontane und der Roman des 19. Jahrhunderts. Diss. Münster 1932.

Poser, Wolfgang: Gesellschaftskritik im Briefwerk Fontanes. Diss. Frankfurt a. M. 1958.

Preisendanz, Wolfgang (Hrsg.): Theodor Fontane. Darmstadt 1973. (Wege der Forschung. 381.)

Reuter, Hans-Heinrich: Fontane. 2 Bde. Berlin 1968.

– Theodor Fontane. Leipzig 1969.

– Theodor Fontane. In: Deutsche Dichter des 19. Jahrhunderts. Ihr Leben und Werk. Hrsg. von Benno von Wiese. 2., überarb. und verm. Aufl. Berlin 1979. S. 630–676.

– Fontanes Realismus. In: H.-H. R.: Dichters Lande im Reich der Geschichte. Aufsätze zur deutschen Literatur des 18. und 19. Jahrhunderts. Hrsg. von Regine Otto. Berlin/Weimar 1983. S. 322–360 und 481–487.

Robinson, Alan R.: Theodor Fontane. An Introduction to the Man and his Work. Cardiff 1976.

Roch, Herbert: Fontane, Berlin und das 19. Jahrhundert. Berlin 1962.

Roethe, Gustav: Zum Gedächtnis Theodor Fontanes: In: Deutsche Rundschau 182 (1920) S. 105–135.

Rost, Wolfgang E.: Örtlichkeit und Schauplatz in Fontanes Werken. Berlin 1931.

Scholz, Hans: Theodor Fontane. München 1978.

Servaes, Franz: Fontane. Blätter der Erinnerung. Dresden 1921.

Spiero, Heinrich: Fontane. Wittenberg 1928.

Theodor Fontanes Dichtung und Wirklichkeit. Ausstellung vom 5. 9. bis 8. 11. 1981. Katalog: Udo Ropohl. Berlin 1981.

Uhlmann, A. M.: Theodor Fontane. Sein Leben in Bildern. Leipzig 1958.

Verchau, Ekkard: Theodor Fontane. Individuum und Gesellschaft. Frankfurt a. M. / Berlin / Wien 1983.

Voss, Lieselotte: Literarische Präfiguration dargestellter Wirklichkeit bei Fontane. Zur Zitatstruktur seines Romanwerks. München 1985.

Wittkowski, Wolfgang: Theodor Fontane und der Gesellschaftsroman. In: Handbuch des deutschen Romans. Hrsg. von Helmut Koopmann. Düsseldorf 1983. S. 418–433 und 643–645.

4. Zu »Frau Jenny Treibel«

a) Rezensionen

Max Bernstein: Frau Jenny Treibel. Roman von Theodor Fontane. In: Die Nation 10. Nr. 8. 19. 11. 1892.

»Effi Briest« und »Frau Jenny Treibel«. In: Düna-Zeitung. 18. 6. 1899.

Joseph Ettlinger: Neue Romane. In: Allgemeine Zeitung. Nr. 184. 4. 7. 1892. Beilage Nr. 153.

Fr. [H. Fechner]: Neue Romane und Novellen. In: Schlesische Zeitung. 1892. Nr. 85.

Frau Jenny Treibel. In: Der Kunstwart 6 (1892/93) S. 116 f.

Max Haese: Noch einmal der alte Fontane (Frau Jenny Treibel). In: Das Magazin für Literatur 61 (1892) S. 809–811.

E. Kr.: Literarisches. In: Hartungsche Zeitung. Königsberg. Nr. 286. 6. 12. 1892. Morgenausgabe. Beilage.

Kunst, Wissenschaft und Leben. In: Kölnische Zeitung. Nr. 958. 3. 12. 1892. Zweite Morgenausgabe.

Robert Lange: Neue Romane. In: Blätter für literarische Unterhaltung 1 (1892) S. 808 f.

Literatur. In: Hannoverscher Courier. 1. 12. 1892.

Walter Paetow: Kritische Rundschau über Leben und Kampf der Zeit. In: Freie Bühne für den Entwickelungskampf der Zeit 4 (1893) S. 107–112.

P. S. [Paul Schlenther]: Theodor Fontanes neuer Roman. In: Vossische Zeitung. Nr. 557. 27. 11. 1892. Sonntagsbeilage Nr. 48.

[Adolf Stern:] Frau Jenny Treibel. In: Die Grenzboten 52 (1893) S. 340–347.

Paul von Szczepanski: Neues vom Büchertisch. In: Velhagen & Klasings Monatshefte 1 (1892/93) S. 682–686.

b) Literatur zum Roman

Auf den Spuren des Leopold Treibel. In: Fontane-Blätter 2,7 (1972) S. 519–521.

Aust, Hugo: Anstößige Versöhnung. Zum Begriff der Versöhnung in Fontanes »Frau Jenny Treibel«. In: Zeitschrift für deutsche Philologie 92 (Sonderheft, 1973) S. 101–126.

Bange, Pierre: Ironie et dialogisme dans les romans de Theodor Fontane. Grenoble 1974. S. 195–201.

Bentmann, Reinhard / Müller, Michael: Theodor Fontanes ›Villa Treibel‹. In: R. B. und M. M.: Die Villa als Herrschaftsarchitektur. Versuch einer kunst- und sozialgeschichtlichen Analyse. Frankfurt a. M. 1970. S. 125–127.

Betz, Frederick: »Wo sich Herz zum Herzen find't«: The Question of Authorship and Source of the Song and Sub-title in Fontane's »Frau Jenny Treibel«. In: The German Quarterly 49 (1976) S. 312–317.

Blocher, Friedrich K.: Das Produkt dreier Generationen. Zu Fontanes »Frau Jenny Treibel«. In: F. K. B.: Identitätserfahrung. Literarische Beiträge von Goethe bis zu Walser. Köln 1984. S. 69–83 und 144 f.

Bruford, Walter Horace: Theodor Fontane: Frau Jenny Treibel (1892). In: W. H. B.: The German Tradition of Self-cultivation – »Bildung« from Humboldt to Thomas Mann. Cambridge 1975. S. 190–205.

Cowen, Roy C.: Theodor Fontane: »Frau Jenny Treibel« oder »Wo nur Herz zu Herzen spricht«. In: R. C. C.: Der poetische Realismus. Kommentar zu einer Epoche. München 1985. S. 331–346.

Dresch, J.: Le Roman social en Allemagne (1850–1900). Paris 1913. S. 330–336.

Grawe, Christian: Lieutenant Vogelsang a. D. und Mr. Nelson aus Liverpool. Treibels politische und Corinnas private Verirrungen in »Frau Jenny Treibel«. In: Fontane-Blätter 5,6 (1984) S. 588–606.

Grieve, H.: »Frau Jenny Treibel« und Frau Wilhelmine Buchholz. Fontanes Roman und die Berliner Populärliteratur. In: Formen realistischer Erzählkunst. Festschrift für Charlotte Jolles. Hrsg. von Jörg Thunecke und Eda Sagarra. Nottingham 1979. S. 535 bis 543.

Jessen, Myra R.: Ein Berliner ›Sperl‹ bei Fontane. In: Modern Language Notes 64 (1949) S. 391–395.

Kafitz, Dieter: Die Kritik am Bildungsbürgertum in Fontanes Roman »Frau Jenny Treibel«. In: Zeitschrift für deutsche Philologie 92 (Sonderheft, 1973) S. 74–101.

Mittenzwei, Ingrid: Die Sprache als Thema. Untersuchungen zu Fontanes Gesellschaftsromanen. Bad Homburg 1970. S. 146–156.

Müller-Seidel, Walter: Besitz und Bildung. Über Fontanes Roman »Frau Jenny Treibel«. In: Fontanes Realismus. Wissenschaftliche Konferenz zum 150. Geburtstag Theodor Fontanes in Potsdam. Berlin 1972. S. 129–141.

Reinhardt, Hartmut: Die Wahrheit des Sentimentalen. Bemerkungen zu zwei Romanschlüssen bei Theodor Fontane: »Frau Jenny Treibel« und »Effi Briest«. In: Wirkendes Wort 29 (1979) S. 318–326.

Rosenfeld, Hans-Friedrich: Zur Entstehung Fontanescher Romane. Groningen 1926. S. 32–37.

Sasse, H. C.: Frau Jenny Treibel (1892). In: H. C. S.: Theodor Fontane. Oxford 1968. S. 112–126.

Schäfer, Rudolf: Theodor Fontane. Unterm Birnbaum. Frau Jenny Treibel. München 1974. (Interpretationen zum Deutschunterricht.)

Scheurer, Fréderic: »Frau Jenny Treibel«, de Théodore Fontane (1893). In: F. S.: Le Commerçant dans le roman Allemand de 1796 jusqu'à nos jours. Straßburg 1930. S. 134–137.

Schmitz, Marianne: Die Milieudarstellung in den Romanen aus Fontanes reifer Zeit: »Mathilde Möhring«, »Frau Jenny Treibel«, »Effi Briest« und »Die Poggenpuhls«. Diss. Bonn 1950. [Masch.]

Shears, Lambert A.: Thackeray's Pendennis as a Source of Fontane's »Frau Jenny Treibel«. In: Publications of the Modern Language Association 40 (1925) S. 211–216.

Stern, Adolf: Theodor Fontane. In: A. S.: Studien zur Literatur der Gegenwart. Dresden [2]1898. S. 195–232. [Zu »Frau Jenny Treibel« S. 221–227.]

Szczepanski, Paul von: Theodor Fontane. Ein deutscher Lyriker. Leipzig [o. J.]. S. 108–112.

Theodor Fontane. Hrsg. von Richard Brinkmann und Waltraud Wiethölter. 2 Bde. München 1973. (Dichter über ihre Dichtungen. 12, 1.2.) [Zu »Frau Jenny Treibel« Bd. 2, S. 425–433.]

Turner, David: Coffee or Milk – that is the Question: on an Incident from Fontane's »Frau Jenny Treibel«. In: German Life & Letters 21 (1968) S. 330–335. [Deutsch in: Fontane-Blätter 3,2 (1974) S. 153–159.]

– Fontanes's »Frau Jenny Treibel«: a Study in Ironic Discrepancy. In: Forum for Modern Language Studies 8 (1972) S. 132–147.

Voigt, Günther: Die wiederholte Bezugnahme auf Schillers »Wilhelm Tell« in Fontanes »Frau Jenny Treibel« und die Bedeutung bzw. Funktion dieser Zitate oder Anspielungen in dem Roman. In Ergänzung des Beitrags von David Turner »Kaffee oder Milch? . . .« [. . .]. In: Fontane-Blätter 3,3 (1974) S. 236 f.

Wandrey, Conrad: Frau Jenny Treibel. In: C. W.: Theodor Fontane. München 1919. S. 252–265.

Wedereit, Gerhard: Leitmotivische Wiederholung. Beobachtungen zu Technik und Ethos in Fontanes »Frau Jenny Treibel«. In: Acta Germanica 7 (1972) S. 117–125.

Wolter, Hildegard: Probleme des Bürgertums in Theodor Fontanes Zeitromanen. Diss. Marburg 1935. S. 4–10.

c) Literatur zur Verfilmung und Dramatisierung des Romans

Cwojdrak, Günter: »Frau Jenny Treibel oder wo sich Herz zum Herzen find't«. In: Die Weltbühne (Berlin). 1. 4. 1964. [Zur Komödie.]

Finger, Irmhild: Theodor Fontane, seine Romane »Frau Jenny Treibel« und »Mathilde Möhring« und deren Verfilmungen unter dem Gesichtspunkt des bürgerlichen Realismus. Potsdam-Babelsberg [1960]. 25 S. [Masch.]

Hammel, Claus: Frau Jenny Treibel oder wo sich Herz zum Herzen find't. Berliner Komödie in 4 Akten. Nach Motiven von Theodor Fontane. [Berlin: Henschel-Verlag, Abt. Bühnenvertrieb, 1964.] 98 S.

R., H.: Corinna Schmidt – Fontane-Buch wird Defafilm. In: Die neue Filmwoche (Baden-Baden) 6 (1951) S. 323.

Inhalt

Theodor Fontane

IN RECLAMS UNIVERSAL-BIBLIOTHEK

Philipp Reclam jun. Stuttgart